von Susi
zum 55. Geburtstag

Eva-Maria Altemöller

Herzensdinge

Eva-Maria Altemöller

Herzensdinge

Über die Kunst
und das Vergnügen
sich und andere
glücklich zu machen

Pattloch

Die Deutsche Bibliothek – CIP-Einheitsaufnahme

Ein Titelsatz für diese Publikation ist bei
Der Deutschen Bibliothek erhältlich

© 2002 Pattloch Verlag GmbH & Co. KG, München
Umschlaggestaltung und Layoutentwurf Innenteil:
Georg Lehmacher, Friedberg/Bay.
Satz: Ruth Bost, Pattloch Verlag; gesetzt aus Kennerley Oldstyle
Reproduktion: LithoArt, München
Druck und Bindung: Clausen & Bosse, Leck
Printed in Germany

ISBN 3-629-01641-3

Meiner Großmutter
Sophie-Louise Brahm
gewidmet, die mich zaubern lehrte.

Sie brachte mir bei – ebenso wie all ihren Kindern
und Kindeskindern –, aus einer Hand voll Mehl und ein paar
Eiern Genüsse herbeizuzaubern,
die wie durch Magie ewige Liebe
und unverbrüchliche Freundschaft zu begründen imstande sind,
wenn man „die Dinge nur richtig einrührt …"
Dazu gehöre allerdings ein wenig Talent
und eine ganze Menge Übung, doch wer etwas vom Kochen
verstehe, erklärte sie, dem könne im Leben eigentlich nicht allzu
viel fehlschlagen. Ein paar Salzburger Nockerln zum Beispiel
seien im Grunde kaum mehr als ein wenig Luft mit einem Hauch
von Nichts drumherum, wer sie aber mit Verstand und Gefühl
zu bereiten wisse, dem stünden alle Herzenstüren offen.
Um ein mit Liebe gekochtes Mahl
scharen sich nämlich gern Gleichgesinnte –
und was wären wir ohne unsere Freunde?
Was wären wir ohne das, was andere uns zu sagen haben?
Ein großer runder Tisch, an dem viele Gäste Platz haben, ist
„fürwahr der beste Ankerplatz in den Stürmen des Lebens",
das fand auch mein Großvater,
der alte Seebär Jens-Christian Brahm,
der uns überhaupt so manche Navigationshilfen
für die Untiefen des Lebens mitgab.
In die wunderbare Welt meiner Großeltern
will ich Sie auf ein paar Stunden entführen.
Schauplatz der Handlung ist im Wesentlichen die große,
heitere Küche auf dem Willemshof zu Christianssiel.

INHALT

1

Verstand
und
Gefühl:
Warum das Herz
am besten weiß,
was Sache ist.

Über
Antonio Damasios
sensationelle
Entdeckung

„Das Herz ist der
Schlüssel der Welt
und des Lebens.“

NOVALIS

Natürlich weiß ich auch nicht so genau, was Glück ist.
Aber deswegen kann man ja trotzdem versuchen,
etwas darüber zu schreiben, oder?
Es gibt eine Menge Autoren, die von dem,
was sie da erzählen, nicht den blassesten Schimmer haben.
Und wissen Sie was? *Das ist auch ganz gut so.*
Denn weswegen schreibt einer, der schreibt?
Um den Dingen auf die Spur zu kommen
und um für sich selbst herauszufinden,
wie sie eigentlich zusammenhängen.

Was fällt Ihnen zuerst ein, wenn Sie an Glück denken?
Dass es etwas mit Liebe zu tun hat und mit Freundschaft,
mit Gefühlen jedenfalls und mit Sinn wohl auch,
ganz sicher aber mit der Abwesenheit von Schmerzen.
Sehen Sie, mehr weiß ich eigentlich auch nicht,
im Augenblick jedenfalls nicht.
Ich erinnere mich nur daran,
dass mein Großvater Jens-Christian Brahm uns riet,
in allen, wirklich allen Dingen einzig und allein
unserem Herzen zu folgen,
denn nur unser Herz kennt die Königswege zum Glück.
Unser Gefühl ist nämlich ein paar Millionen Jahre älter
als unser Intellekt und eben deswegen führt es uns
eher als alle Logik auf sicheren Wegen.
Somit gäbe es also einen Widerspruch zwischen Glück
und Verstand? Nicht unmöglich –
es spricht sogar einiges dafür. Sicher ist jedenfalls,
dass es ein paar Dinge gibt, bei denen unser Verstand
ebenso überflüssig ist wie beim Walzertanzen.

Kapitel 1 berichtet von seltsamen Vorgängen in meiner Küche und den unerwarteten Folgen, die das Ganze für mich haben sollte.

Wenn im Märzen der Bauer die Rösslein einspannt, so wird er zweifellos seine Gründe dafür haben – und ich schätze mal, dass man sich darüber in der Vergangenheit völlig falsche Vorstellungen gemacht hat. Tatsächlich dürfte es sich dabei um eine *Fluchtreaktion* handeln. Mit an Sicherheit grenzender Wahrscheinlichkeit flieht er vom heimischen Herd, weil es dort gerade ziemlich ungemütlich wird. Da wird nämlich geputzt, was das Zeug hält, und die damit verbundene Unruhe ist offensichtlich etwas, womit männliche Seelen nicht so richtig klarkommen. Für derlei Umtriebe sind sie ganz einfach nicht gemacht. Jede Frau von Vernunft, Geschmack und Bildung weiß um diese Zusammenhänge und regt sich deswegen auch schon gar nicht mehr auf.❡

Mich jedenfalls veranlasst der Ausdruck maßlosen Leids im Antlitz der männlichen Mitglieder meines Haushalts jedes Jahr im Frühjahr, wenn's mich so richtig packt, die betreffende Personengruppe auf einen Segeltörn zu schicken, falls das Wetter danach ist, oder aber, falls nicht, sonst irgendwohin, wo der Pfeffer wächst.❡

Dann kann ich wenigstens in aller Gemüts- und Seelenruhe das Haus auf den Kopf stellen, kann das Wohnzimmer neu streichen, ohne dass mir jemand dabei hilfreich im Wege steht und mich darüber ins Bild setzt, dass ich für diese oder jene Renovierungsmaßnahme eigentlich eine Grundierung gebraucht hätte oder dass ich das Ganze zwischendurch noch einmal mit Sechshunderter Schleifpapier hätte bearbeiten sollen. Ich finde solche männlichen

Verbesserungsvorschläge immer hochinteressant, ziehe es aber doch vor, die Dinge auf eigene Gefahr und Rechnung in Angriff zu nehmen. Nicht nur in Küche und Keller, sondern auch in Haus und Hof lässt sich eine Menge bewirken, wenn man nicht ständig argwöhnisch belauert wird. Männer jeden Alters scheinen stets zu befürchten, dass wir entweder aus Versehen oder auch aus weiblicher Unkenntnis irgendein wichtiges Ersatzteil entsorgen könnten, ohne das ihr Leben seinen Sinn verliert. Da wir Frauen bekanntlich einen Lötkolben nicht von einer elektrischen Zahnbürste unterscheiden können, ist uns in dieser und in verschiedener anderer Hinsicht nicht zu trauen. Wenn man das einmal erkannt hat, lebt sich's viel besser. ❡

Was das Putzen betrifft, bin ich übrigens durchaus willens und in der Lage, durch die Finger zu sehen. Jedenfalls gehöre ich nicht zu den Hausfrauen, die zweimal pro Woche sämtliche Türgriffe und Lichtschalter sowie alle Schrankoberflächen mit *Sagrotan* behandeln. Ich bin der festen Überzeugung, dass ein paar Keime das Immunsystem stärken, und deswegen sollte man ruhig hier oder da welche übrig lassen. Aber trotzdem – wenn ich putze, bleibt kein Auge trocken, das ist das Problem. Vor allem im Frühjahr werde selbst ich gründlich (ich weiß auch nicht so recht, wieso, das muss wohl irgendwie in den Genen liegen). Aber da sich mir die Konfliktsituationen, die dadurch entstehen, irgendwann aufs Gemüte schlugen, warf ich sämtliche pädagogischen Ratschläge (die Erziehung von Jungen betreffend) über Bord und schickte meine Söhne samt ihrem Erzeuger an die Waterkant. Der Erfolg war überwältigend. Seither kommt alles gut gelaunt und erholt aus den Osterferien zurück – und auch mir tut diese Form von „Erziehungsurlaub" sehr gut. ❡

Zu Hause registriert natürlich niemand, dass die Küche neu gefliest ist, selbst brandneue Tapeten oder Vorhänge entgehen völlig der Aufmerksamkeit der Meinen. Sie würden es wohl nicht einmal merken, wenn ich in ihrer Abwesenheit ein Fenster zugemauert hätte – die männliche Wahrnehmungsfähigkeit wird mir, schätze ich mal, ein ewiges Rätsel bleiben. ❡

Manchmal, wenn mich der Kummer über derlei Dinge befällt, tröste ich mich mit einer Tasse heißer Schokolade und/oder einer Tafel *Lindt*, notfalls auch mit einem Eierlikör und einem der Texte aus dem feministischen Zitatenschatz meiner Großmutter: „Es gibt nur drei Arten von Männern, die eine Frau nicht verstehen – junge Männer, Männer mittleren Alters und … alte Männer." Diese tiefe Weisheit hilft mir stets, die Ruhe zu bewahren. Wenn man sie – einem Mantra nicht unähnlich – ein paar Mal wiederholt, tief durchatmet und dann vielleicht noch ein Liedchen pfeift, lösen sich Spannungen meist in Wohlgefallen auf. Abwarten und Teetrinken empfahl meine Großmutter immer, und je älter ich werde, desto öfter finde ich diese Weisheit bestätigt. ❡

Es gibt nur drei Arten von Männern, die eine Frau nicht verstehen – junge Männer, Männer mittleren Alters und alte Männer.

Als ich nach meinem letzten Frühjahrsputz in der Küche saß und über einer Kanne Tee ein paar höchst angenehme Stunden mit meiner besten Freundin verplauderte, geschah etwas, das mir zu denken gab. Meine Jüngste, die darauf besteht, mir beim Putzen zu helfen, kroch unter der Eckbank hervor und knabberte fröhlich an etwas herum, was mir doch ein wenig spanisch vorkam. Genauere Nachforschungen ergaben folgendes Bild: Unter der Eckbank bröckelten mir doch tatsächlich *Mürbteigreste* entgegen, die einer meiner Söhne dort und – wie ich später feststellte – auch an anderen strategischen Stellen des Hauses für schlechte Zeiten deponiert hatte. Meiner Schätzung nach mussten diese Reserven etwa drei bis vier Jahre alt sein. Der Zahn der Zeit und der so mancher Mehlmotte hatte bereits deutliche Spuren hinterlassen. Die Umstände waren leicht zu rekonstruieren: die weihnachtliche Back-zeit. Weihnachtsplätzchen haben nämlich die Eigenschaft, Boden, Wände und Decke mit ins Geschehen einzubezie-hen – von den Küchenmöbeln einmal ganz abgesehen. Das gilt vor allem dann, wenn Hosenmätze zwischen zwei und acht Jahren an der Produktion beteiligt sind. Auch den Täter zu ermitteln war nicht allzu schwierig: Das Ganze trug doch sehr die Handschrift meines jüngeren Sohnes, der es seit Kindergartenzeiten liebt zu modellieren und zu töpfern und der uns an hohen Feiertagen mit seinen eigen-willigen Kreationen erfreut: mit Eierbechern zum Beispiel, die eher aussehen wie etwas, das die Katze hereinge-schleppt hat, aber inzwischen sind seine Werke etwas weniger erklärungsbedürftig. Jetzt hat er auch einen kleinen eigenen Brennofen – das ist das, wovon jeder Töpfer träumt – und seither werden sämtliche Verwandten mit seinen keramischen Schöpfungen beglückt. Das Kind ver-schenkt die Sachen sehr gern, während sein älterer Bruder völlig anders gestrickt ist, so anders, dass ich mich manch-mal frage, ob der Bursche nicht verwechselt wurde damals im Krankenhaus – aber er sieht aus wie mein Großvater, also wird die Sache wohl ihre Richtigkeit haben. Mein Ältester ist jedenfalls äußerst geschäftstüchtig – von mir kann er das nicht haben – und er bietet allwöchentlich auf Flohmärkten das an, was sein Bruder für misslungen hält. Der Witz daran ist: Er verkauft das Zeug als Kunst und

findet dafür die originellsten Titel: Eine verunglückte Vase zum Beispiel, die beim Brennen einen Riss bekommen hat, betitelt er kurzerhand mit „Der Kapitalismus – ein Auslaufmodell" und sämtliche Vasen finden solch reißenden Absatz, dass er inzwischen Vasen *mit Riss* bei seinem Bruder bestellt und ihn mit Pizza bezahlt. Johannes hat das zwar zunächst abgelehnt, weil so etwas gegen seine Handwerkerehre geht, aber seit Christian ihm eine gebrauchte Töpferscheibe besorgt hat, hat er sich die Sache denn doch überlegt. Was Johannes eigentlich für missraten hält, glasiert sein älterer Bruder inzwischen und im Umgang mit Pigmenten hat er eine solche Geschicklichkeit entwickelt, dass tatsächlich ganz nette Sachen dabei herauskommen. Bei unserer Weihnachtsbäckerei vor ein paar Jahren, etwa zu dem Zeitpunkt, als die Mürbteigreserven angelegt wurden, hat Christian am liebsten die Glasuren angerührt und dabei die Liebesperlen weggenascht, nicht weil sie besonders gut schmecken, sondern weil ihm angeblich der Name so gut gefiel. (Von dem Knaben wird ja noch einiges zu erwarten sein, wenn er mal größer ist …) Einer von seinen Rennern ist jedenfalls eine schlichte Tonkugel, von der eine blaugrüne Glasur *in Tränen* hinabrinnt. Titel: „Don't cry for me, Baby". Die Dinger verkaufen sich wie warme Semmeln, weil Männer offensichtlich ständig wegen irgendwas ein schlechtes Gewissen haben und weil das Teil billiger ist als ein Blumenstrauß. Auch ist in Zeiten, die durch eine gewisse Bindungsunlust charakterisiert sind – bei gleichzeitiger Bereitschaft zu fliegendem Wechsel – eine solche Gabe natürlich eine höchst willkommene Geschenkidee. Gegen Aufpreis kann man bei Christian so eine Kugel auch mit Namen bestellen oder mit einem Datum – gegen Aufpreis ist bei unserem Ältesten so gut wie alles möglich.❡

16

Johannes hingegen ist sie ziemlich schnuppe, die Knete (die in diesem Zusammenhang eine ungeahnt wörtliche Bedeutung haben dürfte). Töpfer, müssen Sie wissen, denken viel nach, weil der Umgang mit etwas so Simplem wie einer Hand voll Tonerde sie auf Gedanken bringt, auf die andere nicht so ohne weiteres kommen.¶

Als er fünf war, fragte er mich, was Glück sei, und ich erzählte ihm die Geschichte von *Hans im Glück* – die er schon deswegen liebt, weil er auch so heißt. Seither lebt eines unserer Kinder nach dem *Hans-im-Glück-Prinzip*, während mein Ältester seinen Entscheidungen Kriterien zugrunde legt, die nach heutigem Verständnis ja auch nicht von der Hand zu weisen sind – die *Kids* sollen ja in dieser Ellenbogengesellschaft bestehen können, heißt es immer. Stimmt das überhaupt?¶

Was ist denn nun, wenn der eigentlich Lebenstüchtigere der Künstler ist, der, dem es gelingt, sich dem ganzen Rummel zu entziehen?

Seit mir im letzten Jahr die oben näher beschriebenen Mürbteigreserven entgegenbröselten, ging mir dieser Gedanke nicht mehr aus dem Kopf. Als Erstes verkrümelte sich die Vorstellung, dass das Glück dem – angeblich – Lebenstüchtigen zufällt, der es stets fertig bringt, sich den Verhältnissen anzupassen. Was ist denn nun, wenn der eigentlich Lebenstüchtigere der Künstler ist, der, dem es gelingt, sich dem ganzen Rummel zu entziehen? Hängt unser Lebensglück letztendlich vom Verstand oder vom Gefühl ab? Oder von beidem zu gleichen Teilen? Was ist Glück denn überhaupt bei Licht besehen?¶

Natürlich war ich nicht so vermessen anzunehmen, dass ich eine Antwort auf diese Frage finden könnte. Darüber haben sich immerhin schon ganz andere Leute den Kopf zerbrochen, Leute mit einem wahrscheinlich vierstelligen IQ.❡

Aber ich beschloss trotzdem, der Sache ein wenig nachzugehen. Und daraus ist dann dieses Buch geworden.❡

Kapitel 2 hat das Hans-im-Glück-Prinzip zum Inhalt.

Dass die „Herzensdinge" nicht in die Schublade „Sachbuch" gehören, haben Sie vielleicht schon gemerkt. Jedenfalls zählen sie nicht zu jenen Ratgebern, in denen einer, der gut reden hat, mächtig kluge Dinge vom Stapel lässt, die wir gefälligst beherzigen sollten, wenn uns an unserem Glück gelegen ist. Mir sind sie immer ein wenig suspekt, diese Bescheidwisser, die von der hohen Warte dessen herabpredigen, der nicht nur alles *ganz genau* weiß, sondern der überdies noch zu wissen glaubt, was gut für uns ist – weil wir ja bekanntlich nicht so richtig durchblicken. Ich erinnere mich noch, wie frustriert ich war, als ich zum Thema Glück außer ein paar Zitatensammlungen nur lauter staubtrockene, eher medizinisch angehauchte Sachbücher fand, die zum Teil höchst fragwürdige Tipps *zur Förderung des persönlichen Wohlbefindens* enthielten.❡

Das kann's ja wohl nicht sein, sagte ich mir. Ist Glück etwa identisch mit „Relaxen"? Da werden Dinge gleichgesetzt, die miteinander ebenso viel zu tun haben wie Marx mit dem Marxismus, nämlich gar nichts. Auch schienen derlei Ratgeber den Schluss nahe zu legen, dass man ohnehin nur noch in seiner Freizeit glücklich sein kann, da keiner, der halbwegs bei Trost ist, seinen *Job* liebt. Wenn man derzeit zugibt, dass man seinen *Job* eigentlich ganz gern tut, gerät man schon leicht in Misskredit und gilt bald als therapiebedürftiger *Workaholic*, ein naher Verwandter des *Freaks*. Und solche Leute gehören eigentlich auf die Couch, wo sie vorsichtig einer, der dafür bezahlt wird, wieder auf den Boden der Tatsachen zurückholt …¶

Also ich weiß nicht. Hat Glück denn nichts mit Sinn zu tun und mit Engagement? Oder ist Engagement nur etwas für Weltverbesserer und andere leicht Verhaltensgestörte, die noch nicht kapiert haben, wo es langgeht?¶

Gibt's denn *Hans im Glück* nicht mehr? Doch! Es gibt ihn. Und glücklicherweise kommen immer mehr Zeitgenossen darauf, dass dieser Hans eigentlich ein beneidenswerter Mensch ist. Er gibt leichten Herzens alles weg, was ihn unnötig belastet, und zum Schluss steht er als freier Mann da, der des Morgens keine Börsenkurse mehr zu lesen braucht. Zu dem Ergebnis kommt man allerdings nicht, wenn man sich mit dem auseinander setzt, was ein paar gescheite Leute irgendwann einmal über das Thema Glück gesagt haben. Das ist eher verwirrend und widersprüchlich. Seltsamerweise hat das Ganze etwas mit Biologie zu tun und mit dem, was sich die Evolution dabei gedacht hat, als sie uns erfand.¶

Hat Glück denn nichts mit Sinn zu tun und mit Engagement?

Darauf bin ich eigentlich ganz zufällig gekommen – wiederum durch meine Söhne. Christian, der ältere, geschäftstüchtigere, kam unlängst auf die fabelhafte Idee, selber Bonbons herzustellen und diese als „Glücksbonbons" bezeichneten Kamellen auf dem Flohmarkt an den Mann zu bringen – zu einem exorbitanten Preis übrigens. Über die Inhaltsstoffe schwieg er sich aus, aber ich schätze mal, dass er neben Kaffee ein paar von Vaters Vitaminpräparaten im wahrsten Wortsinne *verbriet*, denn dazu benutzte er natürlich Mutters beste Teflonpfanne. Wie die Küche nachher aussah, können Sie sich zweifellos denken. Karamelbonbons haben nämlich dieselbe Eigenschaft wie Weihnachtsplätzchen, die Integration sämtlicher Oberflächen inklusive Boden und Decke meine ich, und wissen Sie, was passierte, als ich den Knaben dazu verpflichtete, die Spuren seiner ollen Kamellen zu beseitigen? Der Bursche besorgte sich doch glatt ein *Sandstrahlgebläse* und war drauf und dran, meine schönen weißen, frisch gestrichenen Küchenmöbel damit abzubeizen, bevor ich das Schlimmste verhindern konnte. Jetzt wissen Sie alles. Jetzt wissen Sie auch, warum ich meinen männlichen Nachwuchs so gern auf den einen oder anderen Segeltörn schicke. Soll ihr Vater doch mal zusehen, wie er sie erzieht.❡

Immerhin ließ sich Christian dazu herbei, mir eine neue Teflonpfanne zu besorgen, vom Flohmarkt wahrscheinlich. Dem Teil war geradezu anzuriechen, dass es irgendwo von einem „Laster gefallen" war. Inzwischen köchelt Christian seine Plombenreißer im Brennofen seines gutherzigen Bruders und das ist offensichtlich etwas, wofür ich dankbar sein muss. Doch zurück zu den Bonbons: Christian kam auf diese sagenhafte Geschäftsidee, nachdem er im Biologieunterricht etwas von Endorphinen gehört hatte, jenen körpereigenen Glücksbonbons, mit denen wir für die Mühe, die wir uns geben, belohnt werden und die uns bei der Stange halten, wenn's schwierig wird.❡

Moment mal, sagte ich mir: Heißt das also, dass wir Glück vielleicht nur dann empfinden können, wenn wir genau das Gegenteil von dem tun, was man uns stets als das Nonplusultra anpreist? Wenn wir, statt uns zu *ent*spannen, Spannung in unser Leben bringen? Genau das heißt es. Ich ging der Sache nach, forschte nach den neuesten Ergebnis-

20

sen neurologischer Forschung und siehe da – der Verdacht stimmte. Noch jetzt komme ich aus dem Staunen kaum heraus. Aber lassen Sie sich überraschen.❡

Dabei will dieses Buch wohlgemerkt *zunächst nicht mehr und nicht weniger, als Sie mit seinen Plaudereien erfreuen.* Jede Form von psychologischem Kaffeesatzlesen liegt ihm fern, auch wird hier nicht in Beziehungskisten gewühlt. Seit Pandora nämlich damals diese Sache mit der Büchse passiert ist, sollte die Menschheit eigentlich wissen, dass man mit Kisten und Ähnlichem aufpassen muss. Außerdem kommen gerade in letzter Zeit immer

Das Gefühl hat eine weitaus geringere Fehlerquote als logisches Denken.

mehr Wissenschaftler auf den Trichter, dass alles Psychologisieren möglicherweise *Lichtjahre* von dem entfernt ist, was sich tatsächlich in unseren Köpfen und Herzen abspielt. Es scheint fast so, als versuchten wir vergeblich, die Türen zu unserer Seele zu öffnen, und merkten gar nicht, dass wir die ganze Zeit über den falschen Schlüssel in der Hand halten.❡

Meine Großeltern ahnten das schon lange, und als ich an jenem Nachmittag im März die noch leicht nach Zimt und Koriander duftenden Mürbteigplastiken meines jüngeren Sohnes entdeckte, fiel's mir wieder ein: Jens-Christian und seine Sophie-Louise verließen sich in vielen, wenn nicht allen Dingen auf ihr Gefühl, ihre Nase, ihren „Riecher" und lagen damit meistens goldrichtig. Sie *spürten* ganz einfach, wenn eine Sache aus dem Ruder lief und sich gegen all das zu wenden begann, was wirklich zählt.❡

Darum geht es in diesem Buch: um Verstand und Gefühl, um die Liebe und das Leben und um das, was man früher einmal darüber wusste. Es geht, genauer gesagt, um die Kunst und das Vergnügen, sich eher auf sein Gefühl

denn auf alle Vernunft zu verlassen. Das Gefühl hat nämlich – auch das hat man erst kürzlich herausgefunden –
eine weitaus geringere Fehlerquote als logisches Denken.
In vielen, wenn nicht sogar den meisten Dingen ist es unser
„Riecher", der uns davor bewahrt, Dinge zu tun, die möglicherweise fatale Folgen haben könnten.❡

Vielleicht gelingt es Ihnen, wenigstens auf ein paar Stunden den Alltag, alles um sich herum zu vergessen (soweit es
sich vergessen lässt) und sich in den bequemsten Sessel,
den Sie in Ihrem Hause finden, zurückzu-
ziehen – mit dicken Socken an den Füßen
und jener Ruhe im Herzen, die ein wirklich
gutes Buch uns schon auf den ersten Seiten zu vermitteln weiß. (Und dies ist schon
ein sehr gutes Buch, wenn ich das mal so
sagen darf.) Die eigentlich ganz alltäglichen Geschichten
aus dem Leben meiner Großeltern, die Sie in den nächsten
Stunden erwarten, werden Ihnen sicher Freude machen,
schon allein deswegen, weil Sie selbst zweifellos ganz ähnliche erzählen könnten, von Ihren eigenen Eltern oder
Großeltern, die sich auf das verließen, was man früher einmal den „Gesunden Menschenverstand" nannte. Wie man
ihn definiert, weiß heute keiner mehr so richtig, ich selbst
im Übrigen auch nicht, aber vielleicht hilft dieses Buch ja
Ihnen und mir, mehr darüber in Erfahrung zu bringen.❡

Was halten Sie davon, sich noch einen Kaffee aufzu-
gießen oder auch eine schöne große Kanne Tee, womöglich
sogar eine Ostfriesische Mischung, denn die passt am
besten zu dem meerumspülten Dörfchen an der Waterkant,
in dem die meisten meiner Geschichten spielen. Vielleicht
schauen Sie vorsichtshalber auch noch mal nach, ob sich
nicht in Küche oder Keller etwas Nettes findet, eine Tafel

Was man früher den „Gesunden Menschenverstand" nannte, weiß heute keiner mehr so richtig.

Schokolade zum Beispiel oder ein Paket Löffelbiskuits, das vom letzten Tiramisu noch übrig geblieben ist.

Denn dieses Buch versucht den Beweis dafür zu erbringen, dass Glück auf die Dauer nur der Tüchtige hat. Das ist eine Binsenweisheit, klar, aber *wie alle Binsenweisheiten hat sie die Eigenschaft, dass sie niemand wirklich für voll nimmt.* Sollten wir aber.

Meine Großmutter, die über so etwas wie eine *kulinarische Weltsicht* verfügte, fand stets für alles und jedes die erstaunlichsten Erklärungsmodelle und ihre Art mit Problemen umzugehen hatte immer irgendetwas mit kalten Koteletts zu tun oder einem Kaiserschmarren mit Zwetschgenröster. Damit ließe sich, wie sie behauptete, fast jeder Kummer aus der Welt schaffen. Notfalls würden auch ein paar liebevoll gebratene Spiegeleier mit Speck ausreichen. Sophie-Louise Brahm liebte Metaphern, und eine kluge, umsichtige Köchin, fand sie, braucht nie lange danach zu suchen. *Zen und die Kunst Zwiebeln zu schneiden* lägen nämlich gar nicht so weit auseinander, erklärte sie uns, und im nächsten Kapitel soll denn auch im einzelnen erläutert werden, was sie damit meinte. Was das Ganze mit Glück zu tun hat, wird dann sicher auch bald deutlich. Mehr jedenfalls, als man zunächst annehmen mag.

Kochen zu können ist eine fundamentale Eigenschaft, über die jeder zivilisierte, sozial und emotional intelligente Mensch verfügen sollte.

Ich erwähne diese Dinge hier nur schon einmal, damit Sie wissen, was auf Sie zukommt. Wappnen Sie sich. Es wird Apfelstrudel geben in diesem Buch, dass es nur so eine Art hat – und wenn Sie das Originalrezept für meines Großvaters *Pannekoeken* interessiert, lasse ich Ihnen das auch gern zukommen. In kulinarischer Hinsicht war er nämlich auch nicht ohne, der alte Dr. Jens-Christian Brahm. Kochen zu können, behauptete er, sei eine fundamentale Eigenschaft, über die jeder zivilisierte, sozial und emotional intelligente Mensch verfügen sollte, und deswegen pflegte er auch mit der Vermittlung dieser edlen Kunst zu beginnen, sobald seine Kinder und Kindeskinder in der Lage bzw. imstande waren, aus dem Gitterbett zu klettern. Doch zunächst einmal geht es hier um Verstand und Gefühl und um die Abwege, auf die uns unser Intellekt nur allzu gern zu führen beliebt. Außerdem schulde ich Ihnen noch eine Erklärung dafür, warum dieses Buch in seiner Argumentation so ganz und gar nicht strategisch vorgeht. ❡

Kapitel 3 setzt Sie über die Holzwege der Vernunft ins Bild und erzählt eine höchst merkwürdige Geschichte, die sich unlängst im Hotel „Vier Jahreszeiten" zu Hamburg abspielte.

Was dieses Buch *nicht* anzubieten hat, auch das haben sie zweifellos schon gemerkt, sind systematische „Strategien" oder „Taktiken", die nach dem beliebten und angeblich bewährten Strickmuster: *Wie mache ich mein Glück?* oder *Wie finde ich meinen Traumpartner bzw. einen Freund fürs Leben in vierundzwanzig Stunden oder weniger?* vorgehen. Denn Strategien haben eine ganze Reihe entscheidender Nachteile, wie mir scheint: Erstens werden sie zumeist von Leuten entwickelt, die einen etwas zu hohen *Testosteronspiegel* haben und die der Illusion erliegen, dass es für alle größeren und kleineren Probleme eine logische Lösung gibt. Gibt es nämlich *nicht*. Denn *gäbe* es sie, *hätten* wir die Probleme ja wohl nicht oder – nicht *mehr*. Leider ist es eher umgekehrt: Die Probleme entstehen überhaupt nur deswegen, weil sich irgendwelche Leute ständig irgendwelche neuen *Strategien* ausdenken.¶

Ein Blick ins Wörterbuch erklärt, warum das so ist: Das griechische *strategema* bedeutet wörtlich übersetzt: *Kriegslist, Feindestäuschung*. Kein Wunder also, dass darauf „kein Segen liegt", wie mein Großvater die Einfälle nannte, die ihm zwar logisch erschienen, an denen aber irgendetwas nicht stimmte. Sie gingen nämlich gegen sein *Gefühl* und das sei auf die Dauer ziemlich ungesund, fand er.¶

„Mit Schummeln lassen sich zwar kurzfristig Erfolge erzielen, doch bei Licht besehen ist damit nichts gewonnen – vor allem dann nicht, wenn es um *Herzensdinge* geht."¶

Am besten vergessen Sie alle oberschlauen Ratgeber, in denen von *Techniken* (das ist auch so ein Wort) die Rede ist, wie man Freunde bzw. den Traumpartner *„gewinnt"*, als handle es sich um eine todsichere Methode, einen *Jackpot* zu knacken.¶

Dass derlei Techniken in der Regel von etwa so feinsinnigen Ideen inspiriert sind wie einem Holzhammer oder einer Kalaschnikow, geht den Bescheidwissern, die solche Bücher schreiben, natürlich *nicht* auf. Außerdem haben sämtliche Strategien dieser Welt, scheint mir, einen entscheidenden Nachteil, den ihre Erfinder aber immer ganz gern unter den Teppich kehren: Sie haben nur selten *Erfolg*. Das heißt, sie sind in etwa so nützlich wie diese Sprachlehrgänge, die einem *Französisch in dreißig Tagen* in Aussicht stellen. Also, ich habe noch niemanden getroffen, der damit auch nur Küchenfranzösisch – oder weiß der Himmel was für eine andere Sprache – gelernt hätte.¶

Kluge Leute ahnen schon länger, wie diese Dinge zusammenhängen, aber einen schlüssigen Beweis dafür scheint es erst jetzt zu geben: Man verlasse sich in allen, wirklich *allen* Dingen auf seine Intuition und nicht auf seinen Intellekt, *denn das Herz hat Gründe, die dem Verstand gar nicht in den Sinn kommen.* Halten wir das einmal fest.❡

Unser Herz ist nämlich viel, viel älter und weiser als der *Neocortex,* der Teil unseres Gehirns also, in dem logisches Denken zu Hause ist und den es noch gar nicht so lange gibt – daher das *Neo-* (griechisch: neu) in seinem Namen. Dieser Neocortex, das weiß man inzwischen, führt uns nicht selten auf Holzwege, die

Das Herz hat Gründe, die dem Verstand gar nicht in den Sinn kommen.

wir, folgten wir unserem Gefühl und dem, was man „den sechsten Sinn" nennt, ganz leicht hätten vermeiden können. Unser Herz weiß immer am besten, wo's langgeht, und es kennt auch die Königswege zum Glück. Wir brauchen ihm eigentlich nur zu folgen und uns einen Teufel um alles logisch-mathematisch-profitorientierte Denken zu scheren.❡

Dazu muss ich Ihnen unbedingt eine Geschichte erzählen, die sich unlängst in Hamburg abspielte. Eigentlich ist sie kaum mehr als eine Anekdote und doch ist sie, wie mir scheint, ziemlich charakteristisch für die Abwege, auf die uns die Ratio zu führen beliebt. Wer genau hinsieht und hinhört, wird finden, dass sie exakt den Kern dessen treffen dürfte, was zur Zeit Sache ist. Meine Cousine Jeanne van Köping, die ganz zufällig dabei war, hat sie mir erzählt:❡

In den „Vier Jahreszeiten" trafen sich kürzlich Spitzenmanager aus aller Welt. Auch diese Leute haben es ganz offensichtlich nötig, sich zuweilen zu treffen und sich bei der Gelegenheit gegenseitig auf die Schulter zu klopfen.

Dabei verstieg sich ein junger Redner zu einer Reihe von rhetorischen Glanzleistungen, die in der – eigentlich als Durchhalteparole gedachten – Formulierung gipfelten: „Letztes Jahr standen wir am Rande des Abgrunds, dieses Jahr sind wir einen Schritt weiter."¶

Nun traf es sich, dass meine Cousine Jeanne van Köping – sie ist Journalistin – die einzige Frau im Saal war. Sonst waren nur jene in feine Stöffchen gewandeten Profitmaximierer anwesend, die da, wo andere ein Herz haben, nur noch über so eine Art Schrittmacher verfügen, weil sie sich nämlich irgendwann ihr Gewissen rausnehmen ließen, und seither wenigstens in dieser Hinsicht Ruhe haben. Und so kann ihnen (mangels Masse) der Gedanke nicht mehr aufs Herz fallen, dass sie gerade genau das als nicht profitabel „abwickeln", was Generationen vor uns aufgebaut haben. Als dieses „coole Kid" mit seinem „Dieses-Jahr-sind-wir-einen-Schritt-weiter-Blödsinn" kam, berichtete mir Jeanne, geschah etwas sehr Seltsames: Niemand lachte nämlich darüber. Alles blickte todernst Richtung Podium, wo dieser Milchbart schwadronierte: „Die Börse ist wie eine Lawine, mal geht sie rauf, mal geht sie runter" – bis Jeanne es nicht mehr länger aushielt und herausplatzte. Sie lachte diesen Überflieger da vorne aus, sie kann nämlich wunderbar lachen, und da sie zudem so aussieht, als sei sie gerade von einer Filmleinwand heruntergestiegen, hatte sie bald die Aufmerksamkeit sämtlicher Anwesender. Jeanne lachte, bis die Sektgläser auf dem Kalten Buffet und schließlich auch die Kronleuchter zu vibrieren begannen und bis sich auch bei den Rolexträgern herumgesprochen hatte, was für einen Humbug einer der Ihren da gerade verzapfte. Schließlich war Jeanne von etwa achtzig überaus männlichen Männern umgeben, die bei ihrem höchst erfreulichen Anblick ebenso handzahm wurden wie die sieben Zwerge, als Schneewittchen in ihr Leben trat. Das Eis war gebrochen und der restliche Abend verlief, wie man hört, sehr zur allgemeinen Zufriedenheit. Jeanne ist schon sehr hübsch, müssen Sie wissen, sie hat die karibische Schönheit ihrer Mutter (und die blitzenden Augen ihres holländischen Vaters). In ihrem goudafarbenen Kostüm sah sie sicher hinreißend aus – wie eine Lichtgestalt inmitten der Tristesse.

„Männer", pflegte meine Großmutter zu sagen, „– Gott schütze ihre unschuldigen Seelen – haben es eben doch sehr mit der Optik. Beim Anblick einer heiteren und überdies vielleicht noch hübschen Frau vergessen sie leicht ihre Taschenrechner und ihre mehr oder weniger guten Vorsätze. Das ist so, seit Mutter Natur damals vor vier Millionen Jahren die Liebe erfand, und dreißig, vierzig Jahre *Women's Lib* sowie eine im Wesentlichen von Kartoffelsäcken inspirierte Mode haben daran, dem Himmel sei Dank, nicht viel ändern können. Jede Frau kann, völlig unabhängig davon, ob sie schön ist oder nicht, allein mit ihrem Charme die Männer dazu bringen, den Verstand zu verlieren, und das ist, wenn man sieht, was sie mit eben diesem Verstand möglicherweise sonst anfangen, auch ganz gut so. *Wirklich emanzipiert sind wir erst dann, wenn die Männer wieder auf das hören, was wir zu sagen haben, denn weibliches Denken schert sich einen Teufel um die Dinge, die ,sich rechnen'. Wirklich emanzipiert sind wir erst dann, wenn die bloße Anwesenheit einer Dame zur Folge hat, dass sich ein Haufen ungehobelter Klötze wieder in jene Gentlemen verwandelt, die sie im Grunde ihres Herzens eigentlich sind und die wir, wenn wir ganz ehrlich sind, auch wollen."*

Wirklich emanzipiert sind wir erst dann, wenn wir aufhören, den Männern alles *nach*zumachen, und beginnen, ihnen stattdessen etwas *vorzumachen*, nämlich genau das, was wir seit vier Millionen Jahren besser können als sie: mit dem Herzen denken. Wirklich emanzipiert sind wir erst dann, wenn wir aufhören, uns bei ihnen anzubiedern und so zu arbeiten, zu denken, zu reden, zu schreiben, zu führen und zu forschen wie sie …❡

Jeanne schrieb nach dieser Geschichte in den „Vier Jahreszeiten" übrigens einen wunderbaren Artikel über männliche Denk- und Arbeitsstile, der aus dem „Nächstes-Jahr-sind-wir-einen-Schritt-weiter" und der rauf- und runtergehenden Lawine geflügelte Worte gemacht hat, die die *Unvernunft der Vernunft* auf einen Nenner bringen.❡

Meine Großmutter hätte daran ihre Freude gehabt, denn sie war eine der emanzipiertesten Frauen, die ich je kannte. In Paris ist sie nach dem Ersten Weltkrieg mit auf die Barrikaden gegangen, so viel kann ich Ihnen versichern. Es gibt da ein Foto von ihr, auf dem sie ihren Regenschirm im Anschlag hält wie Annie ihre Winchester in *Annie get your gun*.❡

Wirklich emanzipiert sind wir erst dann, wenn die bloße Anwesenheit einer Dame zur Folge hat, dass sich ein Haufen ungehobelter Klötze wieder in Gentlemen verwandelt.

Aber sie hat sich (und uns) zeitlebens die beunruhigende Frage gestellt, was uns die Emanzipation eigentlich gebracht hat, außer dass wir jetzt *noch* mehr arbeiten dürfen und *noch* mehr Stress haben – und dass die Sache mit dem „Gehen-wir-zu-mir-oder-zu-dir" (auf englisch noch ökonomischer: „Your-place-or-mine?") auch nicht gerade ein ungetrübtes Vergnügen darstellt. Jahrtausende-, *jahrmillionenalte* Rituale der Verständigung sind dabei über den Jordan gegangen und jetzt wundern wir uns, warum die Männer alle so bindungsunwillig sind. Weil sie nämlich nicht mehr wissen, welche Rolle sie in unserem Leben spielen sollen. Jedenfalls nicht die des LAG ... ¶

Wie, Sie wissen nicht, was ein LAG ist? Das ist die Abkürzung, die wirklich feine Leute sich für den *„Lebens-abschnittsgefährten"* ausgedacht haben. Da staunen Sie, was? So ging es mir auch, als ich das Kürzel vor nicht allzu langer Zeit in einer E-Mail las, die mich *„gern auch mit LAG"* zu einer abendlichen Veranstaltung einlud. Bevor mir schlag-artig die Bedeutung der Abkürzung klar wurde, überlegte ich, ob „gern auch mit LAG" vielleicht bedeutete, dass ich mit einem Kasten *Lager*bier kommen solle oder dass ich einen *Lage*plan haben könne, um hinzufinden. Ich gebe auch gern zu, dass ich bei LAG zunächst einmal an eine mit L anfangende Aktiengesellschaft gedacht habe, aber mir fiel beim besten Willen nichts Passendes ein. Ich erwog noch Abkürzungen wie „langsam abfallendes Gelände" oder „Lust auf Gurken/Glimmstengel/Gelassenheit/Gedanken". Schließlich habe ich mir überlegt, ob es sich bei dem Wort vielleicht um einen Import aus dem Englischen handelt. Dabei habe ich dann festgestellt, dass *lag* nicht nur die Bedeutung von *Verzögerung*, *Verspätung* hat (wie in *time-* oder *jet-lag*), sondern – weiß der Himmel, wieso – auch von *Knacki* oder *Knastbruder*. Demnach wäre ein LAG, ein Lebensabschnittsgefährte, also so etwas wie ein Häftling, und das passt doch irgendwie. Wahrscheinlich ist das Ganze ja nur ein Zufall, vielleicht aber auch nicht, wer weiß? Gut, dass ich nicht gefragt habe, ich hätte mich ja schön blamiert! Ich stehe nämlich manchmal ein bisschen auf der Leitung, müssen Sie wissen, aber das, fand unser alter Pastor Ole Hansen, ist eine Kunst, die stets einen erheblichen Erkenntnisgewinn mit sich bringt. („So ihr nicht werdet wie die Kinder und immer fragt *warum,*

30

warum, warum, so werden sich die Reichen nicht nur die Erde untertan machen, sondern auch noch das Himmelreich erlangen" – das ist so in etwa die Art, wie Ole Hansen, wenn er gut drauf ist, die Bibel zitiert, so dass jeder, der Ohren hat zu hören, zu überraschend neuen Einsichten gelangt. Der Vorteil von Ole Hansens höchst unorthodoxer Bibelinterpretation ist: Sie kommt so harmlos daher, dass, wer nicht richtig ausgeschlafen hat, gar nicht merkt, was Sache ist …)❡

In diesem Zusammenhang muss ich Ihnen übrigens ein Geständnis machen: Die Kunst, auf der Leitung zu stehen, erlangte für mich vor einigen Jahren eine ungeahnt *wörtliche* Bedeutung und ich kann Ihnen die Geschichte dazu – *so peinlich sie mir ist* – wohl schlecht vorenthalten, zumal darin überdies einer der oben erwähnten *Lebensabschnittsgefährten* eine leider ziemlich tragende Rolle spielt.❡

Der LAG (oder besser gesagt *die* LAG) war damals übrigens ich und das kam so: Wie wahrscheinlich neunundneunzig Prozent der weiblichen Bevölkerung dieses Planeten habe ich in der einen oder anderen Beziehung Schiffbruch erlitten. Nach dem Gesetz der Serie geschieht so etwas meistens mehrfach hintereinander und ich gebe gern zu, dass sich das einem sehr aufs Gemüte schlagen kann.❡

Dass mit allzu schönen Männern oft nicht gut Kirschen essen ist, hatte Sophie-Louise uns zwar schon mitgeteilt, aber wenn man so um die zwanzig ist, hat man bekanntlich die Neigung, derlei Ratschlägen nicht allzu viel Glauben zu schenken. Das hätte ich aber besser getan … Mein damaliger Freund sah jedenfalls in etwa so aus wie der junge Richard Gere in *Offizier und Gentleman* – nur dass mein Richard kein Gentleman war, aber wie soll man das mit zwanzig auch wissen? Ich war mächtig verliebt, so, wie man sich eben verliebt, wenn man zwischen dreizehn und siebzehn zu viel Jane Austen und/oder Georgette Heyer gelesen hat. Allerdings hatte ich keinen Schimmer, dass der Mann meines Herzens eher an regelmäßigen Liegestützen (und an meinen zugegebenermaßen sehr guten Apfelstrudeln) interessiert war denn an Romantik. Er sah aus wie ein junger Gott, so dass ich heute noch ganz weiche Knie bekomme, wenn ich nur an ihn denke, aber „zu schöne Männer hat man eben selten allein", erklärte Sophie-Louise. So etwas sollte man im Rahmen des Sexualkundeunterrichts mal bringen. Es wäre doch wirklich interessant zu wissen, warum das so ist. Diese *öden* anatomischen Details, die da zum Thema gemacht werden! Ich habe damals unterm Pult immer Eichendorff gelesen, wenn von solchen Turnübungen die Rede war, und lieber aus dem Fenster geschaut. Die *Mondnacht* kann ich heute noch auswendig – aber dafür hatte ich dann in Biologie auch eine fünf ... ♩

Vielleicht wäre das ja alles anders gekommen, wenn ich aufgepasst hätte damals. Von Treue hielt Richard jedenfalls nicht allzu viel, was nicht weiter verwunderlich sein dürfte. Er war an stehende Ovationen so gewöhnt, dass er in puncto Blasiertheit selbst noch einen Dobermann übertraf. Aber apropos Dobermann: Die ideale Lebensabschnittsgefährtin stellte sich der Mann meiner Träume offensichtlich als eine Kreuzung aus Filmstar und Putzfrau vor, die außerdem noch als Köchin, Dienstspritze, Sekretärin, Seelsorgerin und Krankenschwester brauchbar sein sollte – und überdies als Apportierhund für den Fall, dass „Mann" mal ein Bild aufhängen möchte (frei nach dem Motto: „Ach, Liebling, hol mir mal einen gescheiten Hammer, dieser hier

taugt nichts."). Richard nannte übrigens – das habe ich erst
später herausbekommen – all seine Verhältnisse „Liebling",
damit er sich nicht ständig umgewöhnen musste. Auch ist
die Anrede „Liebling" für die Fälle empfehlenswert, dass
mal eine anruft, die man am Telefon nicht gleich identifizieren kann – das scheint ein Kniff aus der Trickkiste profes-
sioneller Herzensbrecher zu sein. Und an so einen musste
ich nun geraten! Eines Tages fand die Chose dann ein relativ abruptes Ende, als ich wirklich „auf der Leitung stand"
und zufällig ein Gespräch mithörte, das auf dem Apparat
im Nebenzimmer geführt wurde. Als anständiger Mensch
hätte ich natürlich nicht lauschen dürfen, aber es gibt eben
Situationen, fand Ole Hansen, in denen man seine gute
Kinderstube ruhig einmal vergessen kann. (Hansen hatte
übrigens die Gewohnheit, diese Kinderstube öfters und
überdies sehr gründlich zu vergessen, worüber Sie ab Seite
171 mehr erfahren können.) Jedenfalls hörte ich, dass bei
dem besagten Telefongespräch von mir die Rede war und
so erfuhr ich denn, dass ich im „Bett nur so lala, dafür aber
in der Küche eine Wucht" sei. Immerhin!❡

So packte ich denn alsbald meine Siebensachen und
verließ den Archipel GuLAG, den Ort des Geschehens
also, unter Hinterlassung eines Pakets jener Pillen, die als
„Ovulationshemmer" bekannt sind, die ich aber mit Hilfe
eines Filzstifts gekonnt in „Ovationshemmer" verwandelte.
Damit, schrieb ich, solle Mr. Gere es doch einmal probie-
ren, wenn ihm außer an Liegestützen auch noch an ein
bisschen Glück gelegen sei – woraufhin ich mich dünne
machte und in Richtung Christianssiel entschwand. Dort
heulte ich mich aus und vernichtete unanständige Mengen
von gefüllten Ostereiern, von denen mit Eierlikör vor
allem. Ich habe die Erfahrung gemacht, dass sich damit die

34

schlimmsten Blessuren bei Mensch und Tier betäuben lassen und dass sie vor allem bei Liebeskummer von unschätz-
barem Wert sind. Das ist vielleicht keine besonders tiefe
Weisheit, aber Sie werden sehen: So tief sind die Weisheiten in diesem Buch nun auch wieder nicht. Sie kommen
sozusagen nur in haushaltsüblichen Mengen daher, und
wenn es Ihnen trotzdem einmal zu viel werden sollte, lesen
Sie einfach weiter hinten weiter – da wimmelt's nur so
von Christianssieler Dorfgeschichten und die bringen Sie
garantiert auf andere Gedanken.¶

Doch zurück zu Sophie-Louise und ihrer Winchester
und zu Jeanne, die ebenso wie meine Großmutter ahnte,
dass uns in puncto Beziehungen so einiges aus dem Ruder
gelaufen ist in den letzten Jahren.¶

„In den Siebzigern und Achtzigern haben wir uns mit
Schulterpolstern ausstaffiert, bis wir aussahen, als trainier-
ten wir für die *Champions League* im American Football“,
schrieb Jeanne in einem ihrer Artikel. „Das hat sich inzwischen gegeben, weil wir erkannt haben, dass ein schöner
Busen eine gute Gabe Gottes ist – und doch dringen wir
weiterhin aus purem Widerspruchsgeist in männliche
Domänen ein und machen einen auf Wadenbeißer, wobei
wir Testosteronwerte entwickeln, wie sie nur Fans von
Schalke 04 erreichen – bei Endspielen wohlgemerkt, wenn
so richtig die Post abgeht. Das kann auf die Dauer nicht gut
gehen.¶

Wenn wir uns darauf besinnen würden, wie wir *eigentlich* sind, dann könnten wir all das, was zur Zeit auf diesem
Globus schief läuft, noch gerade biegen. Jedenfalls würden
wir uns nicht von den Trugschlüssen des Profitdenkens
und den Sophismen des *American Way of Life* hereinlegen
lassen. Die Rationalisierer haben jetzt überall das Sagen

und wir mischen auch noch mit, statt mit dem Herzen zu denken und das einzig Richtige zu tun: diesen Typen Sand ins Getriebe zu streuen. Herz kontra Knete, darum geht es letztlich."❡

Und darum geht es auch in diesem Buch.❡

Kapitel 4 klärt Sie über das Geheimnis der Butterschnitzel auf und behauptet, dass die wirkungsvollste und mit Abstand angenehmste Methode, Probleme zu lösen, darin besteht, sich zunächst einmal nicht aufzuregen und stattdessen lieber eine Denk-, Atem- oder Frühstückspause einzulegen.

„Was dein erstes Gefühl dir antwortet, das tue", schrieb Heinrich von Kleist im Januar 1801 an seine Wilhelmine und das war auch der Rat, den Sophie-Louise uns immer dann gab, wenn wir nicht mehr weiterwussten. „Vergesst alles andere und hört auch nicht auf die Selbstbehauptungs-spezialisten, die euch einreden, dass man ja nichts an-brennen lassen und alles gleich ausdiskutieren soll. Die Methode ist schon allein deswegen so wenig empfehlens-wert, weil dabei stets eine Menge Geschirr zu Bruch geht."❡

Meine vortreffliche Großmutter war irgendwann darauf gekommen, dass *staubtrockene* Ratgeber des „Ich-weiß-genau-was-ich-will-und-kriege-es-auch"-Typs bei ihr spon-tane Allergiereaktionen, wie Niesanfälle, Nasenbluten oder Fingerkribbeln, auszulösen imstande sind, und sie war überzeugt, dass es auch noch eine andere, sinnvollere, span-nendere (vielleicht weiblichere) Art geben muss, Probleme zu lösen, indem man sie zunächst „nicht in Angriff nimmt", sondern hübsch links liegen lässt. Dass Probleme dazu da sind, „überwunden zu werden", hielt sie für die mit Abstand beste Einstellung, um vom Regen in die Traufe zu gelangen, denn dadurch werde alles nur noch schlimmer.

Zeit ihres Lebens hat sich Sophie-Louise auf die Kunst verstanden, uns die Dinge, die man im Leben wirklich braucht, so ganz nebenher zu erklären, wenn es sich so ergab – beim Zwiebel-schneiden zum Beispiel. Stress müsse nicht sein, fand sie, auch Tränen seien überflüs-sig, vor allem die aus Liebeskummer. Mit

„Was dein erstes Gefühl dir antwortet, das tue."

HEINRICH VON KLEIST

etwas Übung könne man sich eine höchst raffinierte Methode angewöhnen, beim Zwiebelschälen aus dem Fens-ter zu sehen, auf den blühenden Apfelbaum im Garten bei-spielsweise oder die Levkojen oder auch auf die Fleißigen Lieschen. Man müsse so eine Zwiebel *ganz einfach ignorie-ren* und sich stattdessen den Himmel anschauen und die Wolken, denn das, behauptete sie, gehe immer, auch wenn keine blühenden Apfelbäume und keine Levkojen und nicht einmal Fleißige Lieschen zur Verfügung stünden. Dann sei alles nur noch halb so wild. Ablenkung ist alles, denn dann hat das, was uns daran hindert, klar zu denken, keine Chance mehr.

„Geht spazieren, wenn euch etwas zu schaffen macht, wechselt die Tapeten, *schaut nach oben*, macht etwas ganz und gar anderes. Und wenn es besonders schlimm ist, packt ihr am besten einen Picknickkorb in den Kofferraum und eine Decke, vielleicht noch ein gutes Buch und *macht euch ganz einfach dünne.* Es gibt kaum etwas, das ein paar Butterschnitzel nicht wieder ins richtige Lot bringen könn-ten, so man sie unter freiem Himmel genießt, am breiten

Busen der Natur. An dem hat man sich schon immer ganz gut ausweinen können.❡

Butterschnitzel, müssen Sie wissen, sagt man in Österreich, wo Sophies Wiege stand, für *Frikadellen* und irgendwie klingt die Bezeichnung viel netter als unsere deutschen Buletten oder Fleischpflanzerl. Zur Hälfte bestehen Butterschnitzel natürlich aus *Schmäh*, denn sie haben weder etwas mit Butter noch mit einem Schnitzel zu tun, aber die Österreicher hatten schon immer das besondere Talent, die Dinge eher von ihrer Licht- als von ihrer Schattenseite wahrzunehmen. Deswegen sagt man ja auch: *felix Austria*, glückliches Österreich – oder war da nicht noch etwas mit Heiraten? *Tu felix Austria nube* oder so? Während alle anderen gleich mit den Säbeln rasselten und mobil machten, haben die Österreicher auf Diplomatie gesetzt und auf Schmäh, weil sie fanden, dass ein schlechter Friede auch dem (angeblich) gerechtesten Krieg immer vorzuziehen sei. Deswegen lebt sich's in Österreich auch heute noch so gemütlich: Dort weiß man, dass es noch andere Problemlösungsstrategien als die allgemein üblichen gibt und dass einer der Königswege zum Glück durch die Hintertür ins Grüne führt oder jedenfalls in irgendeinen Schanigarten.❡

Einer der Königswege zum Glück führt durch die Hintertür ins Grüne.

„Ein mindestens fünfstündiges Picknick", erklärte uns Sophie-Louise, „wirkt unfehlbar gegen fast jede Art von Kummer, vor allem wenn man zusammen mit einer guten Freundin und ein paar Thermoskannen Tee aufbricht, dann kommen die Dinge wieder in Ordnung. Vielleicht hat das ja etwas mit dem Blick zu tun, der sich weitet, wenn man einen Punkt am Horizont erfasst. Jedenfalls läuft der Weitblickende nicht so schnell Gefahr, kurzsichtig zu handeln.❡

38

So manche Probleme (vor allem die mit Männern und Kindern) betrachtet, wer klug ist, überhaupt nur aus halb geschlossenen Augen, das schärft den Blick fürs Fernerliegende und hilft dabei, die Dinge im doppelten Wortsinne zu ‚übersehen‘, die es sowieso nicht wert sind, dass man sich ihretwegen aufregt. Ohnehin gibt es mächtig viele Alltagsprobleme, die sich von allein erledigen. Sie haben ein bisschen was von einem Luftballon, es steckt nicht viel dahinter, und wenn man sie sich selbst überlässt, werden sie kleiner und kleiner und kleiner und – *paff*, schließlich ist man sie los. Sie lösen sich ganz einfach in Wohlgefallen auf. So ist denn *Abwarten und Teetrinken* gar nicht das Schlechteste in derlei Fällen, denn dabei lässt sich's so wunderbar über das nachdenken, was uns zu schaffen macht. Ein wenig hat die Kunst, Tee zu trinken, mit Zen zu tun, man braucht keinen Darjeeling Second Flush, es geht auch mit Ostfriesischer Mischung. Wer weiß, vielleicht sind deswegen die Ostfriesen so ein fröhliches Völkchen?", mutmaßte Sophie-Louise zuweilen.❡

Sie liebte Christianssiel und uns und ihren wunderschönen Garten, aber manchmal, so jedes halbe Jahr, sehnte sie sich doch nach Wien zurück, und dann verordnete ihr mein Großvater, Dr. Jens-Christian Brahm, eine jener „Kleinen Fluchten", die jeder seiner Meinung nach ab und zu braucht, um dem Alltag Paroli zu bieten.❡

Er litt zwar wie ein Hund, wenn seine Verpflichtungen ihn in Christianssiel zurückhielten, aber: „*Was mott, dat mott*", sagte er sich: Was sein muss, muss eben sein. „*Wat de Mensch brukt, dat brukt he*", sagt man allüberall in Plattdeutschland und da ist, bei Licht besehen, mehr dran, als einem Nicht-Ostfriesen scheinen mag.❡

„Wenn uns der Alltagsstress krank macht, dann muss

man etwas daran ändern. Es nützt nicht allzu viel, an den Symptomen herumzukurieren und auf Teufel komm raus zu ‚relaxen‘, wie ihr das jetzt nennt. Stress ist ein böser Feind und mit einem Fußbad kommt man damit genauso wenig dagegen an wie mit Kamillentee gegen Leberzirrhose. Hilft alles nichts oder, sagen wir, nicht viel, wenn man den Stress nicht wirklich aus seinem Leben verbannt. Mindestens achtzig Prozent aller gesundheitlichen Probleme“, schätzte mein Großvater, „gehen auf sein Konto, die Herzkrankheiten vor allem und die ganzen Koronargeschichten.“

Wie recht Jens-Christian damit hatte, beginnt man erst jetzt so langsam zu ahnen.

Was mein Großvater seinen stressgeschädigten Patienten als Sofortmaßnahme empfahl, war seine berühmte „Kaffeehaus-Therapie“. Sie wirkte unfehlbar und galt als Geheimtipp bei Liebeskummer, festgefahrenen Beziehungen, beruflichem Stress und Weltschmerz im Allgemeinen.

Sie besteht darin, dass man sich ganz einfach in den nächstbesten Zug nach Wien oder nach Salzburg und dort ins Café *Landtmann* hockt oder ins *Central* oder besser noch in eines der weniger berühmten Kaffeehäuser – obwohl es ja in Wien kaum eines gibt, das nicht berühmt wäre. Vom *Hawelka* bis zum Café *Zartl* in der Rasumowskygasse ist jedes eine Welt für sich. Es ist wie eine Reise in eine andere Zeit, die vielleicht nicht durchgehend besser war als unsere, aber in vielerlei Hinsicht einfacher und überschaubarer. Jeanne van Köping, die wie alle allzu schönen Frauen öfter als wir Normalsterblichen Probleme in Herzensdingen hatte, floh dementsprechend oft nach Wien zu unserer Großtante Elise. „Im Café *Diglas* in der Wollzeile gibt's die besten Mehlspeisen“, erklärte sie, „und die nettesten Kellner und beiden im Verein gelingt es stets, dich auf andere Gedanken zu bringen, wenn du denn andere Gedanken nötig hast. Am Wochenende spielt da immer einer auf dem Piano und schon im Mai kann es dir passieren, dass Schubert durch die weit geöffneten Fenster in den Schanigarten perlt. Man geht in die Oper und in die Sonne (die in Wien mit seinem ausgeglichenen Kontinentalklima nachgewiesenermaßen öfter scheint als hierzulande) und plötzlich, ohne dass man sich's versieht, findet man, dass die Nebel zerrissen sind und die Welt so langsam wieder in Ordnung kommt. Denn die Melange aus Mythos und Magie, aus Mokka und Musik hilft unfehlbar."¶

Tatsächlich scheint in Wien in jedem „Tschocherl" noch die Sonne, hier ist wirklich „alles in Butter", wie auf dem Mürbgebäck avisiert, und wenn dem einmal nicht so sein sollte, so sind die Dinge mit einem „Knickebein", einem sonnengelben Vanillelikör mit einem Ei darin, schnell wieder ins rechte Licht gerückt.¶

Ich bin damals auch nach Wien gegangen, nach dieser Richard-Gere-Geschichte, tröstete mich mit Apfelstrudel und Peter Altenberg und fragte mich, wo sie nur geblieben sind, die Männer, die es früher einmal gegeben haben muss. Eines Tages bestellte ich im *Griensteidl* meinen Kaffee und zitierte im breitesten Wienerisch: „Einen Braunen, bitt' schön, mit dreizehn Stück Zucker, aber net umrühren, sonst wird er zu süß", was meinen Nachbarn zur Linken so amüsierte, dass er laut herausplatzte. Er war überhaupt äußerst nett, dieser Nachbar, wie ich sehr bald Gelegenheit hatte festzustellen, auch wenn er Notar war und sich von Berufs wegen zu einer professionellen Bestattermiene verpflichtet sah. Richard Gere war jedenfalls ziemlich bald vergessen und die wunderbare Zeit mit dem „Bestatter" gehört zu den schönsten und kostbarsten Erinnerungen meines Lebens. Es gibt sie also doch noch, die guten Männer, aber sie sind so etwas wie Auslaufmodelle und man muss sich schon tummeln, wenn man einen davon für sich zu gewinnen versucht. „Die guten Männer wachsen nicht auf Bäumen", pflegte Sophie-Louise zu sagen – aber in Wien gibt's offensichtlich mehr als anderswo. Überhaupt ist Wien eine Stadt, die einem den Glauben an die Menschheit wiedergeben kann, sie ist ein Traum zu jeder Jahreszeit, und ich bin dankbar, dass in mir noch etwas k.u.k. Paprikablut fließt, wenn auch nur wenig. Jedenfalls hilft es einem, wenn man links herum Walzer tanzen soll – oder nach der Pfeife von anderen Leuten, die von nichts eine Ahnung haben … ❡

Kapitel 5 erläutert, was Sophie-Louise mit ihren berühmten Schweinsöhrchen bezweckte und warum sie der Überzeugung war, dass man Stress am besten mit einem Stück Apfelstrudel bekämpft oder aber (als Sofortmaßnahme) mit einer Tafel Schokolade.

Sophie-Louise verfügte noch über andere, ebenso wirkungsvolle Methoden, mit Problemen fertig zu werden. Sie ging, wenn ihr irgendetwas zu schaffen machte, in die Küche und buk entweder einen jener Strudel, die sie auch als „Strudel der Gefühle" bezeichnete, oder aber ein paar *Schweinsöhrchen* für die Verursacher all ihres Kummers. ❡
Damit hat es eine ganz besondere Bewandtnis. Die Schweinsöhrchen, müssen Sie wissen, gehörten zu Sophie-Louises kulinarischer Bildersprache, mit der sie uns klar-

zumachen pflegte, was sie gerade von uns hielt. Immer wenn wir sie geärgert hatten, stellte sie uns eine Schale frisch gebackener Schweinsöhrchen hin – sie waren köst-lich, weil sie sie mit frischer Butter zu-bereitete, und Sophie-Louises Blätterteige hatten mit einem gekauften in etwa so viel gemeinsam wie eine Harley-Davidson mit einem Mofa, nämlich gar nichts, außer dass es sich bei beiden Kraftfahrzeugen *Zu manchen guten Erinnerungen verschafft uns nur ein Geschmack oder ein Duft den Zugang.* (laut offizieller TÜV-Richtlinie) um ein mit einem Hilfs-motor betriebenes Zweirad handelt. Und doch hatten Großmutters Schweinsöhrchen, so unvergleichlich sie auch waren, eine eindeutige Aussage: Sie häufte damit sozusagen glühende Kohlen auf unsere Häupter und wir waren auch entsprechend zerknirscht, wenn sie auf den Tisch kamen – zumal unsere Großmutter oft unsere Seelen-pein verschärfte, indem sie mit einem nach Zimt und ande-ren guten Dingen duftenden Apfelstrudel an uns vorbeizog und damit zu unserer Nachbarin hinüberging.❡

Wenn Sophie-Louise Grund hatte, sich über uns zu ärgern, sagte sie nicht allzu viel, sondern zog sich in ihre wunderbare, lichtdurchflutete Küche zurück, brühte sich einen Kaffee auf, der so schwarz war wie die Nacht finster und der bei jedem Nicht-Österreicher wahrscheinlich einen sofortigen Herzstillstand ausgelöst hätte. Sophie-Louise betonte ihren Kaffee übrigens ganz bewusst auf der zweiten Silbe. Was man hierzulande bekomme, sei eher „Kaffe" mit einem „e", kein Wunder also, dass man an der Waterkant auf diesen „Kräuteraufguss" ausgewichen sei. Sie hatte zeit ihres (langen) Lebens nie sehr viel dafür übrig und deswegen ließ sie sich auch ihren geliebten Mocca von *Julius Meinl* allmonatlich aus ihrer Wiener Heimat schicken. Nichts ist tröstlicher, behauptete sie stets, als seinen Geschmacksnerven wenigstens hin und wieder genau die Genüsse zu gönnen, die man von Jugend an gewöhnt ist – denn zu manchen guten Erinnerungen verschafft uns nur ein Geschmack oder ein Duft den Zugang.❡

Auch ihre *Waldbaur*-Schokolade, für die sie eine ähnlich große Vorliebe hegte wie für ihren Kaffee, kam aus Wien: In unserer Christianssieler Speisekammer stand eine feuerrote Blechdose mit der Aufschrift *Erste Hilfe*, in der ihre Vorräte vor männlichem Zugriff relativ sicher waren. Bekannt war dieses Geheimnis nur den weiblichen Mitgliedern des Haushalts und wir durften immer dann auf Großmutters rote Blechbüchse zurückgreifen, wenn uns das Leben (oder die Liebe) wieder einmal hart zusetzte – das heißt also, so gut wie immer. Sophie-Louise glaubte an Schokolade und daran, dass sie genau die Stoffe beinhaltet, die unser zentrales Nervensystem nötig hat. „Unsere grauen Zellen brauchen etwas ganz anderes als unsere Muskeln, Fett und Zucker nämlich, und zwar jede Menge. Mit Erdbeerjoghurt lassen sie sich nicht abspeisen. Je mehr wir denken, desto mehr richtigen Brennstoff braucht unser Hirn: Einen Porsche kann man auch nicht mit Diesel voll tanken. Das heißt, man kann schon, nur kommt man dann nicht sehr weit. Vergesst am besten den ganzen Cholesterin- und Kalorien-Humbug und deswegen solltet ihr auch endlich aufhören, ein schlechtes Gewissen zu haben, wenn ihr Schokolade esst: Unser Körper weiß schon, was er braucht, und den Heißhunger hat Mutter Natur zu genau diesem Zweck erfunden. Auf das zu hören, was unser Körper uns sagt, ist einer der Schlüssel zum Glück – nur sollte man lernen, wieder hinzuhören und dem gegenüber kritisch zu bleiben, was andere uns so erzählen, wenn der Tag lang ist."❡

„De omnibus dubitandum", war Ole Hansens Devise. „Man muss an allem zweifeln, vor allem an dem, was man uns tagtäglich weiszumachen versucht. *Die Kunst besteht darin, an den Prämissen, den logischen Voraussetzungen also, zu zweifeln*", erläuterte er, während er beherzt einer riesigen Portion Rührei mit Schinken zusprach. ❡

„Oberste Regel: Lasst euch nicht irremachen. Seht zum Beispiel zu, Kinners, dass ihr was Ordentliches zwischen die Zähne bekommt, dann könnt ihr auch richtig denken und bleibt gut gelaunt. Schmiert euch Butter aufs Brot und das nicht zu knapp, das ist einer der Schlüssel zum Glück, *dat kürn gi mi gleu-wen* (zu Deutsch: das könnt ihr mir ruhig glauben). Esst Schokolade, wann immer ihr Lust darauf habt, denn darin stecken tausend gute Sachen, die der Kopf brau-chen kann. Und wenn euch der Stress all-zu sehr beim Wickel hat, haut euch und euren Freunden ein paar Eier in die Pfanne, das wirkt zuverlässig auf Körper und Geist. Die Frage, was zuerst da war, das Spiegelei oder der Hamburger, lässt sich eindeutig zuguns-ten des Spiegeleis beantworten." ❡

Die Kunst besteht darin, an den Prämissen, den logischen Voraussetzungen also, zu zweifeln.

Was Ole Hansen in den siebziger, achtziger Jahren bereits ahnte, bestätigen inzwischen neueste wissenschaft-liche Untersuchungen. Allerdings kann die keiner so rich-tig an die große Glocke hängen, denn die *food designer* passen scharf auf, dass nicht irgend so ein Querdenker die Butter von ihren Pappbrötchen nimmt und beweist: Nürn-berger Rostbratwürstchen sind eventuell gesünder als ihre verdammten Eiweißdrinks. ❡

Dafür spricht nämlich einiges. Es ist sogar nicht ganz unwahrscheinlich, dass unsere derzeitigen Ernährungs-

45

gewohnheiten uns am Denken geradezu hindern – und uns damit auch einer Menge Möglichkeiten berauben, Glück zu empfinden.❡

Wenn man diese beunruhigenden Gedanken zu Ende denkt, würde das bedeuten, dass mangelnder Lebensmut möglicherweise nichts anderes ist als die Folge jahrelanger Fehlernährung. Nicht auszudenken! Eine Tafel Schokolade zur rechten Zeit oder eine große Portion Bratkartoffeln könnten also tonnenweise Psychopharmaka ersetzen, die da so täglich geschluckt werden? Genau darauf scheint es hinauszulaufen! Dieser ganze *Low-fat*-Humbug ist jedenfalls ein „Scheiß mit Reis", wie Sophie-Louise das in ihrer manchmal schon *sehr* deutlichen Ur-Wiener Art ausgedrückt hätte.❡

Mangelnder Lebensmut ist möglicherweise nichts anderes als die Folge jahrelanger Fehlernährung.

Sie holte übrigens täglich mindestens eine Tafel *Wald-baur* aus ihrer Blechbüchse und teilte auch an uns großzügig davon aus. „Frauen brauchen Schokolade", erklärte sie, „jedenfalls mehr als Männer. Schon allein deswegen könnt ihr die Weisheiten, die ein Mann zu diesem Thema verfasst, *in der Pfeife rauchen*. Wir haben nämlich die Neigung, uns mehr Sorgen zu machen. Das hat die Natur so gewollt und es ist auch ganz gut so, denn sonst wäre die Menschheit schon ausgestorben."❡

Frauen leiden tatsächlich, das ist inzwischen nachgewiesen, eher als die „Herren der Schöpfung" unter Existenz- und anderen Ängsten, die sich aus der langen Geschichte menschlicher Evolution auf diesem Globus erklären: Wir haben eben immer schon etwas mehr „am Hals" gehabt, die Kinder nämlich, und hatten alle Hände voll damit zu tun, die lieben Kleinen durchzubringen – was die Männer nie so recht verstehen konnten, wie auch, denn sie vertrieben sich

die Zeit im Wesentlichen mit Jagen, wozu auch die unterschiedlichsten Formen von Brautschau und Brautraub gehörten (Letzteres galt bei unseren Vorfahren als eine gern praktizierte Art von Beschaffungskriminalität, die damals als Kavaliersdelikt durchging). Ansonsten lagen die Herren wohl auf der Bärenhaut und schnitzten Pfeile. Die Vorliebe fürs *Do-it-yourself* merkt man ihnen jedenfalls heute noch an. Der *homo habilis* bevölkert jeden Samstag früh die Baumärkte dieser Welt – auf der Jagd nach irgendwelchen Bohrfuttern oder Stichsägen oder weiß der Himmel was. Das Sammeln und Sorgenmachen haben sie jedenfalls gern den Frauen überlassen, so viel steht fest.❡

„Manchmal hat eine gescheite Frau geradezu das Gefühl, dass sie einen Dolmetscher braucht, um in die Sprache der Logik zu übersetzen, was ihr am Herzen liegt. Kluge Frauen legen sich jedoch beizeiten eine kulinarische Zeichensprache zurecht, denn die wirkt zuverlässiger als alles ‚Ausdiskutieren'", erklärte Sophie-Louise.❡

Mein Großvater fand das sehr weise und er bewunderte seine Lowise schon allein deswegen grenzenlos – obwohl er selbst zuweilen auch nur Schweinsöhrchen zum Abendbrot bekam, wenn er in das eine oder andere Fettnäpfchen getreten war. Dafür hatte Krischan Brahm nämlich ein besonderes Talent und das lag daran, dass er selten ein Blatt vor den Mund nahm und jedem, der Mist baute, *sagte*, dass er Mist baute. Sophie hielt – wie alle Frauen – mehr von Diplomatie, aber Krischan fand, dass „Süßholzraspeln" (wie er es nannte) bei manchen Charakteren reine Zeitverschwendung sei und nur noch Dickköpfigkeit helfe.❡

Wahrscheinlich liegt auch hier die Wahrheit in der Mitte. Das tut sie nämlich fast immer. Die Blattläuse an Großmutters Zentifolien, wandte er ein, ließen sich ja auch nicht mit

Diplomatie beseitigen. „Andererseits braucht man nicht gerade Gift zu sprühen", gab er zu. „Am besten hilft wohl immer noch Kernseife."❡

So manchen Zeitgenossen, Kommunal- und anderen Politikern vor allem, müsse man aber zuweilen ganz kräftig den Kopf waschen, dann ließen sie von ihrem Vorhaben ab – so, wie die Läuse von Sophies wunderbarem Geißblatt, das unsere alte Kinderschaukel hinten im Garten umrankte und sie in die lauschigste Laube verwandelte, die Sie sich nur vorstellen können. Doch das sei hier alles nur so nebenbei erwähnt.❡

Kapitel 6 berichtet über Antonio Damasios sensationelle Entdeckung.

Wenn es tatsächlich stimmt, was die Wissenschaft erst unlängst herausgebracht hat, *dann weiß unser Herz tatsächlich mehr als unser Verstand*, der uns nur allzu gern in die Irre führt. Das ist geradezu ein Hobby von ihm. Nur unser Gefühl und nichts als unser Gefühl leitet uns auf sichere Wege. *Es ist sozusagen der Schutzengel*, den wir alle haben und den allzu vernunftbegabte Menschen auch für so eine Art Fabelwesen halten. Aber es gibt ihn und er ist in der rechten Hälfte unseres Kopfes zu Hause. Wir haben ihn immer dabei, vergessen allerdings meistens, die Lauscher auf Empfang zu stellen.❡

Nur unser Gefühl und nichts als unser Gefühl leitet uns auf sichere Wege.

Vielleicht fragen Sie sich jetzt, was an der Aussage, unser Gefühl sei das Allesentscheidende, Besonderes sein soll. Ihre Großmutter wusste das schon lange und meine auch. Doch bei Licht betrachtet, *wussten* sie es nicht, sie *ahnten* es nur, wenn auch für Frauen, die ganz andere Antennen haben als Männer, *ahnen* und *ganz einfach wissen* ein und dasselbe ist. Nein, worauf ich hinauswill, ist: Das grundlegend Neue und eigentlich Sensationelle an dem, was die Gruppe von Neurologen um Antonio Damasio herausgefunden hat, ist: *Wer sich allein auf seine Logik verlässt, ist unfähig, Entscheidungen zu treffen, die gut für ihn sind.* Er wird mit anderen Worten lebensuntüchtig. Und dabei haben wir doch immer gedacht, dass das *Gegenteil der Fall ist und dass es der Ellbogenmensch am weitesten bringt!* Denn das hat man uns doch in den letzten dreißig Jahren immer und immer und immer wieder eingetrichtert und einigen unserer Zeitgenossen überdies mit mehr Erfolg als eigentlich nötig gewesen wäre. Die Ergebnisse

Wer sich allein auf seine Logik verlässt, ist unfähig, Entscheidungen zu treffen, die gut für ihn sind.

dieser Gehirnwäsche können Sie täglich allenthalben antreffen. Es sind die Leute zum Beispiel, die Ihnen die Tür vor der Nase zuknallen, durch die Sie gerade gehen wollten, und die es schaffen, beim Brötchenholen mit einer alten Dame eine Auseinandersetzung darüber zu führen, wer zuerst da war. Früher – ja, ja ich weiß, da war auch nicht alles besser – *früher* jedenfalls hat man dem Nachfolgenden eine Tür immer ein wenig aufgehalten. Jedenfalls bin ich noch zu derlei feinsinnigen Rücksichten erzogen worden und Sie sicher auch. Aber Rücksicht ist *out, megaout,* wie es scheint – oder etwa nicht?¶

Genau hier kommt Antonio Damasio wieder ins Spiel: Es scheint wirklich nur so. Die Rücksicht, deren Verlust jeder beklagt, ist nicht unwiederbringlich verloren, sie ist nur für die Dauer der Umbaumaßnahmen in unseren Köpfen zeitweilig ins Depot ausgelagert wie ein Rembrandt im

Museum, wenn die Malermeister zugange sind. Die Rücksicht ist nicht verloren gegangen, denn sie gehört zu unserer *genetischen Grundausstattung* und das ist eigentlich ein ziemlich tröstlicher Gedanke. Mutter Natur veräußert nämlich nicht so leicht ihre Silberlöffel – wie unsere allseits geliebte Regierung: Wir sind seit schätzungsweise hunderttausend Jahren etwa so, wie wir sind, und soziales Verhalten verlernen wir nicht einfach in ein paar Jahrzehnten. Glücklicherweise gehen diese Dinge nicht so leicht raus aus der Wäsche. Nur wissen das die Profitmaximierer noch nicht, dabei könnten sie im Internet so einiges darüber nachlesen: *In der Auseinandersetzung Herz kontra Knete* (denn darum dreht sich im Grunde alles) *siegt letztlich immer unser Herz.* Das steht zwar so nicht da, aber ähnlich. Man muss nur richtig hinkucken. Sind das nicht gute Nachrichten? Das heißt: Gut dürften sie natürlich nur für alle die sein, die sich in ihren Denkgewohnheiten noch nicht haben beirren lassen. Schlecht sind sie hingegen für Faust & Co., denn sie bedeuten, dass, wer mit dem Herzen denkt, schließlich stärker ist als alle Gehirnwäschespezialisten dieser Welt.❡

Antonio Damasio und seine Leute haben *beweisen* können, dass man einen IQ von zweihundert in der Pfeife rauchen kann, wenn nicht gleichzeitig *emotionale und soziale Intelligenz unser Denken und Handeln lenkt.* „Descartes irrte damals, als er sagte: ‚Ich denke, also bin ich‘, schreibt Damasio. Eigentlich müsste es heißen: Ich fühle, also bin ich.“ Das Gefühl wirkt auf die Entscheidungen, die wir täglich treffen in etwa so wie der Bundesgerichtshof auf die Urteile untergeordneter Gerichte. Hier wird bekanntlich „kurzer Prozess“ gemacht, man rollt nicht etwa alles von A bis Z wieder auf, nein, hier wird entschieden und Schluss. Eine

Revision ist danach nicht mehr möglich. Ob wir einen Menschen mögen oder nicht, ob wir den einen oder anderen Kurs einschlagen und im Wald (der Möglichkeiten) links oder rechts um die Ecke gehen, *entscheidet letztendlich immer unser Gefühl.*❡

Damasio hat seine Aufsehen erregende Entdeckung übrigens ganz zufällig gemacht und sie dürfte zu den spannendsten Kapiteln der Geschichte der Wissenschaft gehören. Menschen, die aus irgendeinem Grunde in ihrem logischen Denkvermögen nicht beeinträchtigt waren, wohl aber – durch eine Verletzung – in den Gefühlszentren ihres Gehirns, erwiesen sich plötzlich als nicht mehr lebenstüchtig. Sie waren nicht mehr in der Lage, all die kleineren und größeren Entscheidungen zu treffen, die täglich auf uns zukommen. Sie wussten nicht mehr, ob sie links oder rechts gehen sollten, und sie überlegten, welche Gründe eigentlich dafür sprächen, morgens überhaupt aufzustehen. *Was uns bewegt und in Bewegung hält, ist alles Gefühl.*❡

Die Intuition ist das, was uns leitet, und dann gibt es auch noch so etwas wie den Instinkt, der nirgends genauer definiert ist und der doch neunundneunzig Prozent unserer Entscheidungen mit beeinflusst. Er greift auf unbewusst ablaufende Informationen zurück, körpersprachliche Signale zum Beispiel, die der andere aussendet, die leisen Töne, deren Frequenz unsere Logik gar nicht *wahr*nimmt.❡

Was uns bewegt und in Bewegung hält, ist alles Gefühl.

Kapitel 7 enthält eine Reihe von Überlegungen zu der Frage, warum Männer Frauen oftmals so dickfellig erscheinen – weil sie's nämlich sind.

Mit diesen Dingen, erklärte mein Großvater, verhalte es sich so wie mit der alten Bootsmannspfeife, die er stets bei sich trug. Er hatte sie so umgebaut, dass ihr Ton für einen Menschen nicht wahrnehmbar war, wohl aber für Rollos feine Hundeohren. *„Auch unser Herz hat solche Hunde-ohren"*, pflegte Krischan Brahm zu sagen, „es verfügt über Sensorien, die dem Verstand ein ewiges Rätsel bleiben werden. So ‚fühlen' wir es ganz einfach, wenn einer lügt oder es nicht ehrlich mit uns meint. Vor allem Frauen haben, auch das ist inzwischen wissenschaftlich erwiesen, in der Beziehung das absolute Gehör und sie brauchten es auch im Laufe der langen Evolutionsgeschichte: *Sie spüren sofort, wie es dem anderen geht, und handeln dementsprechend.* Sie wissen es gleich, ‚wenn etwas nicht stimmt', und dieses Gefühl dürfte den Menschen um sie herum oftmals das Leben gerettet haben. ‚Das Herz einer Frau sieht mehr als die Augen von zehn Männern', sagt ein dänisches Sprich-wort und das heißt schon einiges, denn Männer haben in der Regel bessere Augen und einen schärferen Blick für alles Fernerliegende. Frauen spüren eher, wenn Unehrlich-keit im Spiel ist, und Männer sollten, so sie die Gewohnheit haben fremdzugehen, diesem Umstand gebührend Rech-nung tragen und sich gefälligst bessere Entschuldigungen ausdenken, wenn sie abends Überstunden bei ihrer Freun-din machen wollen. Eine kluge Frau weiß nämlich sofort, was abgeht, sie braucht nicht einmal das berühmte blonde Haar vom Anzug zu lesen."❡

Wenn mein Richard Gere damals fremdging, habe ich es immer daran gemerkt, dass er plötzlich einen ungewöhnlichen Charme entwickelte und mächtig viel redete, dabei aber stets die Augen abwandte (wie George Bush, wenn er einen aus Subjekt, Prädikat und Objekt bestehenden Satz zu formulieren hat). Richard plauderte, was das Zeug hielt, verstieg sich in Galanterien, er öffnete sogar die Tür seines GTI für mich, was er nur in der Anfangszeit unserer Beziehung getan hatte, ja, er trug sogar *den Müll* raus – und das, muss ich Ihnen sagen, das war's. Wenn ein Mann, der aussieht wie Richard Gere, freiwillig den Mülleimer rausbringt, gibt's nur drei Möglichkeiten: Entweder er ist ein Heiliger oder sonst ein engelgleiches, überirdisches Wesen (doch dieser Typ Mann dürfte heutzutage immer seltener anzutreffen sein, schon gar nicht in freier Wildbahn) oder er ist in anlehnungsbedürftigem Zustand oder aber – falls diese Prämissen nicht zutreffen, er hat etwas zu verbergen. Und das ist meistens ein Verhältnis. Natürlich ist er der festen Überzeugung, dass seine Lebensabschnittsgefährtin nicht den blassesten Schimmer hat. Eine echte LAG (wie in die GeLAGmeierte oder in „Die LAG war noch nie so ernst") ahnt jedoch schon bei den ersten Anzeichen, was Sache ist.❡

„Männer", das hatte auch Sophie-Louise beobachtet, „haben es in dieser und in vielen anderen Beziehungen viel schwerer. Alles weist darauf hin, dass sie tatsächlich dickfelliger sind – das kann man durchaus wörtlich nehmen. Sie haben wirklich eine Haut, die zehnmal weniger empfindlich ist als die einer Frau – und das ist durchaus ein Vorteil, wenn man durchs Gebüsch robbt und im Unterholz aufs Mittagessen lauert. Männer können außerdem wirklich besser Blut sehen als unsereins. Das viele Beutemachen hat sie über die Jahrtausende hinweg – drücken wir es einmal vorsichtig aus – gefühlsmäßig etwas abstumpfen lassen. Deswegen sind sie auch fröhlich in den Krieg gezogen mit so lustigen Sprüchen wie: ‚Immer feste druff‘ auf den Lippen, so, als sei die ganze Sache nur ein Spaß oder ein fröhlicher Jagdausflug. Diese Dickfelligkeit war wohl einmal (in längst vergangenen Tagen) ein evolutionärer Vorteil, aber da wir Frauen gleichzeitig unsere Sensorien immer feiner ausgebildet haben, haben wir irgendwann begonnen, miteinander Verständigungsprobleme zu bekommen. Männer können mit Gefühlen nicht so viel anfangen und glauben lieber, was die Vernunft ihnen einflüstert, und Frauen werden mit einem Übermaß an Testosteron und logischer Denke nicht fertig. Gefühl- und Rücksichtslosigkeit gehen einfach über unseren Horizont. Denn, machen wir uns nichts vor, das Testosteron mag ja durchaus auch ganz nette Seiten haben und vor allem des Nachts für Abwechslung sorgen, aber tagsüber macht dieses Hormon jede Menge Stress.“

Gelassene, weise, mit dem Herzen denkende Menschen länger leben.

Wundert's da noch, dass Testosteron und das lebensverkürzende Stresshormon Cortisol eine bemerkenswert ähnliche Molekularstruktur haben? Wissenschaftler haben diesen Zusammenhang erst unlängst herausgebracht und festgestellt, dass es sich dabei um enge biochemische Verwandte handelt. Vielleicht ist das ja die Erklärung für das seltsame Phänomen, dass gelassene, weise, mit dem Herzen denkende Menschen länger leben?

Mal ehrlich – warum leben Frauen länger?

Weil bei ihnen *„alles Herz ist, selbst der Kopf“*, wie Jean Paul das einmal ausgedrückt hat.

Wenn wir Frauen verstehen würden, *wie das verdammte Testosteron wirkt, hätten wir schätzungsweise nur noch die Hälfte aller Beziehungsprobleme.* Denn einerseits *wollen richtige Frauen richtige Männer* – das hat Mutter Natur, der es immer schon um nichts anderes als nur um ihre Gene ging, so einzurichten gewusst. Andererseits nehmen es richtige Männer in puncto Treue nicht immer so ernst. Auch das hat einen biologischen Sinn, denn Mutter Natur will nur eins: Babys, Babys und nochmals Babys.❡

Wer einmal verstanden hat, wie der Hase läuft, findet für all das, was ihn am anderen stört, eine einleuchtende Erklärung, die mit der Evolution des Lebens auf diesem Globus zu tun hat.❡

Das Schlüsselwort heißt evolutionärer Vorteil – und alles, alles, *alles* in dieser Schöpfung hat einen Sinn. In der Natur geschieht nichts ohne Grund, das hat schon Aristoteles seinerzeit beobachtet, und mit diesem General-schlüssel zur Weisheit kommt man ganz leicht auch an die Erklärung für all die Dinge, die uns sonst nur nerven: Warum reden Frauen so viel, während Männer meist das Mitteilungsbedürfnis eines Karpfens haben? Warum zum Teufel verrenken sich die Männer immer die Hälse nach Blondinen, die eine Figur haben wie eine Sanduhr? Warum bekommen Frauen, die sich in klassischen Männerberufen durchzusetzen versuchen, einen höheren Testosteronspie-gel, durch den ihnen Kräfte zuwachsen, der für sie aber in etwa so gesund ist wie ein Löffelchen Arsen morgens im Tee. „Warum lassen wir nicht den Männern ihre Männer-welt, in der sie seit vier Millionen Jahren leben?", fragte Sophie-Louise. „Sollen die doch ihre strategischen Sand-kastenspiele weiterspielen. Müssen wir da mitmischen? Es wäre ein Zeichen wirklicher Emanzipation, wenn wir die

Männer wieder dahin bringen könnten, mit dem Herzen zu denken." Denn sonst sind wir nächstes Jahr tatsächlich „einen Schritt weiter".❡

Kapitel 8 erzählt etwas über den „Kuckucksuhren-Effekt" und über ein neues Erfolgskonzept: *Management by love.*

Es gibt da ein paar besonders testosteronhaltige Zeitgenossen, die gerade dabei sind, den Globus auseinander zu nehmen, weil ihnen ihre Erzeuger außer Rechnen offensichtlich nichts beigebracht haben – oder weil sie fanden, dass Märchen und andere olle Kamellen heute nicht mehr zeitgemäß sind. Die Resultate dieser neuen Art von *Keiner-schenkt-dir-was-Pädagogik* werden oft gar nicht erst gewahr, was in dem „mitschwingt", was andere uns mehr oder weniger bewusst mitteilen. Für sie zählt nur, was fassbar und messbar ist – und was sich in seine logischen Einzelteile zerlegen lässt. Dummerweise kommt ihr bisschen Verstand nachher allerdings mit dem Zusammenbauen nicht mehr so ganz zurecht. Meine Großmutter nannte das den „Kuckucksuhren-Effekt". Zum Schluss bleibt immer etwas übrig („Kuckuck!") und niemand weiß, wo's hingehört. Das scheint ein ewiges Gesetz zu sein. Nur summieren sich zur Zeit diese Teile und erzeugen ihrerseits chaotische Systeme, die dann niemand mehr im Griff hat.❡

Sollten wir es schaffen, die vergessenen Rituale der Verständigung wieder aus dem Depot unserer Seele zu holen und so wieder vom Ich zum Du zu gelangen, dann haben die Profitmaximierer das Spiel verloren, und zwar in der neunzigsten Minute.❡

Vielleicht gelingt es uns ja doch noch, dem hemmungslosen Individualismus, den man uns seit nunmehr dreißig Jahren als das Gelbe vom Ei darzustellen bemüht ist, ein Schnippchen zu schlagen. ❡

Kluge Leute kommen so langsam drauf, dass unser Herz auf der Strecke bleibt, wenn die Ratio alles andere beherrscht. Man ahnt, dass unser „Herz" vielleicht doch nicht links, in der Herzgegend, sondern in der rechten Hemisphäre unseres zentralen Nervensystems liegt, wo unsere Gefühle daheim sind. Und möglicherweise ist glückhaftes Gelingen dieses Lebens deswegen auch nur den klugen Köpfen vorbehalten, die sich ganz auf ihre Intuition, ihr Gefühl – und auf eine eher weibliche Art des Denkens verlassen. Zumindest spricht so einiges dafür. Möglicherweise liegt in einer eher „unlogischen" Art zu denken die Lösung aller Probleme. Wer unlogisch zu denken versteht, weiß, dass es „sich nicht rechnet", ein Bügeleisen zu reparieren, weil man bei jedem Kaffeeröster ein neues für neunzehn neunzig bekommt, aber er weiß auch, dass an dieser Logik irgendetwas nicht stimmen kann. Das sagt uns unser Gefühl. ❡

Möglicherweise liegt in einer eher „unlogischen" Art zu denken die Lösung aller Probleme.

Warum gilt *Management by love* inzwischen als das neue Erfolgskonzept? So langsam setzt sich diese Idee auch in den Direktionsetagen durch, jetzt, nachdem das Kind in den Brunnen gefallen ist und man erkannt hat, dass es noch mehr Dinge „im Himmel und auf Erden gibt, als eure Schulweisheit sich träumt, Horatio". ❡

Management bei love ist der Versuch, ganzheitliches Denken alten, verwachsenen, unfruchtbaren Strukturen aufzupfropfen. Dass das nicht so ganz gelingt, liegt – wie sagt der Botaniker? – an der „Unterlage". Und natürlich daran, dass *Management by love* jetzt die Profite bringen soll, die normales (testosteronhaltiges) Management nicht mehr bringt. Dass autoritäre, streng hierarchisch organisierte Strukturen im Begriff sind zu scheitern, haben selbst hart gesottene Macher inzwischen spitzgekriegt. Und sie versuchen, *koste es, was es wolle* (das ist natürlich wieder mal typisch), ganzheitliches, auf Intuition und Gefühl beruhendes Denken einzuüben. Am besten zeitsparend während eines Wochenendseminars in einem Fünfzehn-Sterne-Hotel. Das Dumme daran ist nur: Sie kommen ein bisschen spät damit, denn inzwischen hat unser Profitdenken schon so viel Flurschaden angerichtet, dass kaum noch etwas zu retten ist. Oder vielleicht doch?❡

Man soll die Hoffnung nie zu früh aufgeben. Wenn es uns gelingt, die Logik zu entmachten und uns stattdessen auf den gesunden Menschenverstand zu verlassen, wenn wir statt des IQ dem EQ wieder zu seinem Recht verhelfen, dann ließe sich das Ruder noch einmal herumreißen.❡

Vielleicht schaffen wir es ja, aus einer von Konkurrenzdenken geprägten, fast unbewohnbar gewordenen Welt wieder eine liebenswerte Gesellschaft zu machen, in der Kinder und Gefühle, Blumen und Bücher, Farben und Klänge den Ton angeben – und all das, was man früher einmal unter Kultur verstand, bevor man begann, sie als nicht produktiv „abzuwickeln". Kultur kommt heute, wie jedermann weiß, ja nur noch in Kulturbeuteln vor.❡

Auch Kants Kategorischen Imperativ findet man in Schulbüchern nur noch selten erklärt, dafür aber – in leicht veränderter Form – auf öffentlichen ... Toiletten. Das ist kein Witz: „Bitte hinterlassen Sie diesen Ort so, wie Sie ihn vorzufinden wünschen", steht da oftmals zu lesen. Die Anwendung des uralten „Was du nicht willst, das man dir tu, das füg auch keinem andern zu" scheint politisch nicht mehr korrekt zu sein.❡

In den letzten dreißig Jahren haben die Profitmaximierer alles platt zu machen versucht, was uns mit anderen „verbindet", ob es sich nun um Höflichkeit handelt oder um Anstand oder um (mindestens) ein Dutzend weiterer untergehender Tugenden. Auch das Prinzip Nächstenliebe hat man erfolgreich abgewickelt. Wen wundert's da noch, dass inzwischen sämtliche Industriezweige kräftig einen „auf Seele" machen? Wahrscheinlich war überhaupt das Zweck der Unternehmung. Seelenheil wird inzwischen nur noch gegen bare Münze verkauft. Und Erlösung kommt uns zu, wenn wir das Produkt XY kaufen – damit lässt sich unsere Seele nicht *nur sauber, sondern rein* waschen …❡

Überhaupt scheinen die Profitmaximierer dadurch gekennzeichnet, dass sie alles, aber auch wirklich alles zur Ware machen. Mein Großvater nannte es das „Non-olet-Prinzip", nach dem römischen Kaiser Vespasian, der irgendwann in einer schwierigen Zeit des Römischen Reiches auf die Idee kam, die öffentlichen Bedürfnisanstalten zu besteuern. Von seinem Sohn daraufhin befragt, ob das nicht ein bisschen weit ginge, antwortete er: *Non olet!* Geld stinkt nicht.❡

Krischan Brahm hat dieses *Non olet* übrigens gern zu *Non omlet* verballhornt, wenn es denn ausnahmsweise einmal keine Pfannkuchen gab. Das stimmte ihn immer ganz traurig, denn seine heiß geliebten Pannekoeken waren für ihn so eine Art Lebenselexier. Aber apropos Pannekoeken – damit wären wir wieder beim Ausgangspunkt dieser Überlegungen angelangt: in der großen, heiteren Küche zu Christianssiel nämlich.❡

Hören wir uns zunächst einmal an, was Sophie-Louise und mein – in kulinarischer Hinsicht etwas weniger begabter – Onkel Jan-Willem über die Kunst und das Vergnügen wussten, sich in die Herzen ihrer Mitmenschen zu kochen *und so die Netzwerke zu bilden, die wir dringend nötig haben, wenn wir Faust und Konsorten Paroli bieten wollen.* ❧

Mein Tipp: Genießen Sie zunächst ganz einfach, was jetzt kommt. Vielleicht fragen Sie sich, was derlei Alltäglichkeiten in einem Buch wie diesem zu suchen haben, aber warten Sie's ab! Gönnen Sie (im Rahmen eines kleinen Selbstversuchs) aller Logik ganz einfach eine Auszeit. Es gibt etwas zum Lachen in den nächsten Kapiteln und manchmal zum Nachdenken, jedenfalls gibt es zu essen, und zwar nicht zu knapp, und es sollte mich nicht wundern, wenn Sie, nachdem

Die Freude am Teilen, am Mit-Teilen, steht – nach der Seelenruhe – im Mittelpunkt aller Herzensdinge.

Sie dieses Buch zugeklappt haben, irgendein mehr oder weniger exotisches Kochbuch aus dem Regal ziehen und ganz spontan wieder einmal einige Freunde zu einem improvisierten Essen einladen. „Der Königsweg zum Glück führt nämlich durch die Küche", behauptete meine vortreffliche Großmutter und hier wird der Beweis dafür erbracht. ❧

Lassen Sie sich und die Menschen um Sie herum von der Wärme verzaubern, die ein gut geschürter Herd ausströmt und ein mit Phantasie und Liebe gekochtes Mahl. Die Freude am Teilen, am *Mit-Teilen*, steht – nach der Seelenruhe – im Mittelpunkt aller *Herzensdinge*. ❧

Machen Sie sich auf so manches gefasst, vor allem darauf, dass wieder mal so einige Dinge zu Bruch gehen werden, die sich die Profitmaximierer dieser Welt ausgedacht haben. Wie sagt ein französisches Sprichwort, das meine

Großmutter gern zitierte? *„Il faut des oeufs pour faire des omelettes.“* Man muss schon einige Eier auf den Kopf hauen, wenn man *Pannekoeken* (alias Eierkuchen) backen will. Und damit sind wir schon fast beim Thema. Denn um Eier (und Eierköpfe) geht es in den nächsten Kapiteln dieses Buches, durch das sich – wie ein roter Faden – eine Spur Tomatensauce zieht … Und um Hechtnockerln in Dillrahm.❡

2

Hechtnockerln
in Dillrahm

Oder:

„Küsse vergehen,
Kochkunst
bleibt bestehen.“

GEORGE MEREDITH

Liebe geht eben
doch durch den Magen
und auch
Freundschaft hat mit
einer gut gebratenen
Gans mehr zu tun,
als man gemeinhin
annimmt

❤

Es gibt da eine ganz fabelhafte Geschichte
von einem Buchhändler,
einem Franzosen nebenbei bemerkt,
der zu Beginn des vergangenen Jahrhunderts
wegen betrügerischer Werbung angeklagt wurde.
Er hatte mit der Anzeige geworben:
„Dieses Buch wird jedem jungen Mädchen
vor der Ehe Kenntnisse darüber vermitteln,
was es als Frau unbedingt wissen muss …"
Gegen Vorauskasse und unter Zusicherung
einer diskreten Verpackung
machte der Jungunternehmer Bombenumsätze –
er lieferte *Kochbücher.*
Das Gericht sprach den Mann frei,
weil es der Meinung war,
dass eine Unterweisung
in der edlen Kunst des Kochens
höher einzuschätzen sei
als die Lektüre,
die sich die Getäuschten
ganz offensichtlich erhofft hatten.

❤

Kapitel 1 erbringt den Beweis, dass die alte Binsenweisheit, Liebe gehe durch den Magen – wie alle Binsenweisheiten – Recht hat.

„Die Fackel der Liebe", pflegte meine Großmutter zu sagen, „wird in der Küche entzündet. Das zumindest behauptet ein französisches Sprichwort und ich bin geneigt, dieser Aussage Glauben zu schenken." Denn bekanntlich, fügte sie hinzu, hätten die Franzosen ihren europäischen Nachbarn sowohl in Liebesdingen wie auch in Fragen der Kochkunst so einiges voraus, von den Italienern vielleicht einmal abgesehen, die in dieser Hinsicht ja auch nicht ohne seien.

„Einer Nation, die jeden Sonntag ein Huhn im Kochtopf hat und dieses Huhn auf schätzungsweise fünfzehnhundert verschiedene Arten zuzubereiten weiß (die Dunkelziffer nicht mit eingerechnet), einem solchen Volk kann auch in der Liebe nicht allzu viel fehlschlagen", behauptete Sophie-Louise und neigte dabei den Kopf ein wenig träumerisch zur Seite, schloss die Augen und ich gehe jede Wette ein, dass sie dann an ihre Pariser Jahre dachte, in denen sie offensichtlich nicht nur kochen lernte. Über diese Dinge ließ sie zwar nur selten etwas verlauten, doch ich weiß, dass sie Verehrer ohne Ende hatte. Die schönsten Burschen, die die *Grande Nation* damals hervorgebracht hatte, fraßen – und das kann man durchaus wörtlich nehmen – der jungen Sophie-Louise geradezu aus der Hand. Allabendlich traf sich die Cour ihrer Verehrer an der Küchentür des Edlen von Dahlinger, eines österreichischen Diplomaten, in dessen Diensten Sophie-Louise Meinl, wie sie damals noch hieß, einige Jahre lang stand. Denn der Herr von Dahlinger war keinesfalls bereit, im Ausland auf sein Erdäpfelgulasch zu verzichten oder auf sonstige Errungenschaften der fabelhaften österreichischen Küche. Das kann ihm niemand verdenken, denn die Franzosen sind zwar die geborenen *Cordon Bleus*, aber in puncto Mehlspeisen hätten sie schon noch so einiges aufzuholen, fand auch Sophie-Louise.❡

Sie hat als blutjunge Beiköchin damals, 1920, als ganz Europa mit Grippe darniederlag, völlig allein eine Delegation bekocht, bei der auch der französische Staatspräsident Clemenceau anwesend war. Nach dem Bankett wollte Clemenceau die Künstlerin sehen, die diese „merveilles" hervorzuzaubern imstande war, und so kam es, dass das junge Fräulein Meinl plötzlich mit glühenden Wangen in einer fröhlichen Herrenrunde stand. Man erhob das Glas auf ihre Kochkunst und ihre Schönheit und *dankte* ihr (man stelle sich das einmal vor!) für das, was sie mit leichter Hand bereitet hatte. Das ging so weit, dass Monsieur Clemenceau höchstselbst meiner Großmutter einen Handkuss gab, wie nur Franzosen Handküsse zu geben verstehen, ihr tief ins Auge blickte (so, wie eben nur Franzosen blicken, egal wie alt sie auch sein mögen) und zitierte: „Sie sind ja eine Fee, Madame! Pardon, *Mademoiselle*."❡

Das Gelage habe dann in der Küche noch eine Fortsetzung gefunden, berichtete meine Großmutter: Plötzlich hätten sich sämtliche Herren im heiratsfähigen Alter um ihren Herd geschart und sie mit Komplimenten und mehr oder weniger scherzhaft gemeinten Heiratsanträgen geradezu überschüttet. Einer war dabei, ein junger Holländer, der ihr in Ermangelung anderer Liebesgaben im Taumel seine dunkelblaue Fliege verehrte und sie bat, dieses blaue Band fürderhin im Haar zu tragen. Das tat sie auch, aber wenig später fiel ihre wunderschöne Mähne der Mode der

zwanziger Jahre zum Opfer. Die Fliege war bald vergessen, der Verehrer nicht ganz, aber das ist eine lange Geschichte und gehört vielleicht auch gar nicht hierher. Mit dieser Fliege jedenfalls war ein Bündel Briefe zusammengebunden, das meine Großmutter mir zusammen mit jenem Nähkästchen vererbt hat, aus dem sie stets zu plaudern pflegte und über dessen höchst ungewöhnlichen Inhalt später noch mehr zu erfahren sein wird.

Zunächst geht es um Sophie-Louise und all die Gentlemen, die ihr zeit ihres langen Lebens den Hof machten und die von ihren berühmten Hechtklößchen in Dillrahm schwärmten wie die Ritter der Tafelrunde vom Heiligen Gral.

„Wenn ich nicht schon verheiratet wäre, Fräulein von Meinl", soll auch der Edle von Dahlinger damals, nach jenem denkwürdigen Diner, gesagt haben, „so würde ich Ihnen jetzt auf der Stelle die Ehe antragen."

Meine Großmutter war an derlei Komplimente ebenso gewöhnt wie an die Heiratsanträge, die ihre Hechtnockerln mit schöner Regelmäßigkeit auszulösen pflegten, vor allem dann, wenn sie ihnen mit ihrem unglaublichen Walnussparfait zum Dessert noch eins draufsetzte. „Vielleicht", mutmaßte sie später, „ist aber auch im Hecht oder in den vielen Nüssen irgendetwas drin, was den Männern ein wenig Feuer unterm Hintern macht – auszuschließen ist das jedenfalls nicht."

Gefreut hat sie sich über derlei Dinge jedenfalls immer. „Zu meiner Zeit", sagte sie, „wurde überhaupt mehr angetragen als heute und eigentlich ist es ewig schade, dass diese schöne alte Sitte so außer Mode gekommen ist." Woran das liege, dazu hatte sie so ihre eigenen Theorien. „Die Mädels heute", erklärte sie, „haben es in vielerlei Hinsicht viel schwerer als wir damals, als die Männerwelt noch im Wesentlichen aus Kavalieren bestand und richtigen Kerlen und nicht aus *Bindungsphobikern* und *Warmduschern*. Heute ist alles *anders* und die Frage ist wirklich, ob es *besser* geworden ist. Ich wage das zu bezweifeln. Wenn heute ein Mann einer Frau am Arbeitsplatz ein Kompliment macht, kann es geschehen, dass er wegen sexueller Nötigung verklagt wird. Es gibt schon Probleme, wenn sich Gleichaltrige ohne weiteres duzen – und

Von einem schönen Kompliment kann man fast eine ganze Woche lang leben.

das ist eigentlich die natürlichste Sache der Welt. Also hält ‚Mann‘ lieber die Goschen, wer sollt’s ihm auch verdenken?“, fragte Sophie-Louise und tatsächlich fanden wir, dass dadurch so einiges verloren gegangen ist. „Von einem schönen Kompliment kann man fast eine ganze Woche lang leben“, erklärte sie, „es wirkt wie Balsam auf unsere Seelen, gerade dann, wenn es uns nicht so gut geht. Und das ist ja nicht gerade selten.“❡

Ein polnisches Sprichwort behauptet, dass die Liebe beim Mann durch die Augen eindringt und bei der Frau durch die Ohren – und daran ist mehr Wahres, als man einem Sprichwort gemeinhin zutraut. Denn Sprichwörter haben, wie Binsenweisheiten auch, bekanntlich die Eigenschaft, dass niemand sie mehr wirklich ernst nimmt, ein Umstand, den wir bereits eingangs erwähnten. Dabei treffen die meisten den Nagel auf den Kopf. Auch dieses hat eigentlich ziemlich fein beobachtet, wie die Dinge zusammenhängen: Männer sind Augenmenschen und sie verrenken sich die Hälse nach jungen schönen Frauen, und Frauen hören einfach gerne, dass sie (unter anderem) schön sind – weil sie nämlich ihrem Spiegel nicht über den Weg trauen.❡

Als die Kunst, Komplimente zu machen, außer Mode geriet, brach so etwas wie eine neue Eiszeit an. Gleichzeitig gingen Dutzende wunderbarer alter Umgangsformen verloren, keiner weiß so genau, wie und warum, auf einmal waren sie alle weg und das ist ziemlich schade. Aber sie sind, das haben wir schon gesehen, nur irgendwo in den Depots unserer Seele ausgelagert. Sie sind nicht ein für alle Mal verloren.

Mein Onkel Jan-Willem zum Beispiel, meines Großvaters alter Freund, bewunderte Sophie-Louise grenzenlos und er machte daraus auch keinen Hehl. Er beherrscht (noch heute) die Kunst, Komplimente zu machen, zur *Perfektion*, sage ich Ihnen. Er hätte sogar Maggie Thatcher herumkriegen können, wenn er es denn darauf angelegt hätte, und einmal, während eines Staatsempfangs in der holländischen Botschaft, sei er auch nahe daran gewesen, aber er habe dann doch aus leicht nachvollziehbaren Gründen von dieser Idee Abstand genommen.

Jan-Willem ist ein Gentleman der Alten Schule, und als ich ihn einmal daraufhin befragte, definierte er diese vom Aussterben bedrohte Spezies, wie folgt:

Die Kunst, höflich zu sein, ist ein höchst raffiniertes Vergnügen, das auf Körper und Geist belebender wirkt als eine Zweiliterflasche Ginseng.

„*Ein Gentleman ist jemand, der auch zu Leuten nett ist, von denen er keinen Nutzen hat*" – eine Definition, die er übrigens auch auf das Thema *Anständigkeit* anwendete: „Ein anständiger Mensch ist jemand, der auch zu Leuten nett ist, etc. Das ist so in etwa die Art von Merksprüchen, die er ab und zu ausgibt. Allerdings dürfte ihr tieferer Sinn denjenigen unserer Zeitgenossen schleierhaft bleiben, deren Drang zum Höheren sich im Nasebohren erschöpft und deren Lebenszweck in der Jagd nach den günstigsten

Schnäppchen und im Feilschen um die besten Preise besteht. Einem anderen Menschen etwas Nettes zu sagen, und zwar immer dann, wenn sich eine Gelegenheit dazu biete, mache beiden Freude, dem Schenkenden und dem Beschenkten. Alle Kunst bestehe darin, findet Jan-Willem, mit Anmut und Würde nur gerade so viel zu lügen, wie unbedingt nötig sei, und alles Unangenehme da zu lassen, wo es am besten aufgehoben sei – unterm Teppich nämlich. Das mache – wie jede andere Kunst, die man beherrscht – unglaublich Lust, denn der kreative Umgang mit Wahrheit habe, so man ihn zu Nutz und Frommen anderer anwende, etwas ungemein Anregendes. Die Kunst, höflich zu sein, die leider, leider, wie so vieles andere auch, den Bach hinuntergegangen ist, ist eigentlich ein höchst raffiniertes Vergnügen, das auf Körper und Geist belebender wirkt als eine Zweiliterflasche Ginseng.

„*Corriger la verité* – darin besteht zu einem guten Teil alle Lebenskunst glücklicher Menschen", erklärte uns Jan-Willem mit einem Augenzwinkern. „Glückliche verstehen sich immer auf die Kunst, die Wahrheit ein bisschen so zurechtzubiegen, dass man selbst, vor allem aber auch der andere einen Gewinn daraus zieht. Der Glückliche sagt nie: ,Du siehst aus, als hättest du im Heu übernachtet', sondern er stellt die Behauptung auf: ,Ich vergesse immer, was für fabelhafte Beine du hast.' *So funktioniert Glück.* Man sage nie: ,Die Kartoffeln sind matschig', sondern nur: ,Die Sauce ist ein *Übertraum*', auch wenn sie vielleicht der Definition einer wirklich guten Sauce nicht so ganz entspricht."

Männer, und das sei eines der großen Handicaps ihres Geschlechts, erklärte Jan-Willem, verstünden sich auf die Kunst höflicher Lüge nur sehr schlecht, sie sind ehrlich bis zum Überdruss und merkten nicht einmal – weil sie überhaupt selten etwas merken –, dass sich weibliche Seelen bei allzu viel Offenheit einen Schnupfen holen. „Und dann wundern sich die Klotzköpfe, dass es mit der Liebe nicht mehr so richtig klappt. Glück hat ganz entscheidend mit unserer Wahrnehmungsfähigkeit zu tun und da sind Männer – im Vergleich zu Frauen – nun einmal leicht behindert", davon war Jan-Willem zutiefst überzeugt. *„Doch wenn wir wieder lernen würden, Komplimente zu machen wie Richard Löwenherz"*, fügte er hinzu, „dann wäre alles in Butter."❡

Kapitel 2 lässt sich des Langen und Breiten über das „Savoir-vivre" der Franzosen aus und berichtet von einem schwer wiegenden Übersetzungsfehler.

Aber apropos Butter: Wenn Sophie-Louise ihre berühmten Marillentascherln hinzauberte oder ihre flaumigen Germknödel mit Mohn, die in Mengen geschmolzener Butter daherkamen und die – diesen Verdacht muss man haben – nicht von dieser Welt waren, schmolz alles dahin, auch Jan-Willem, der seine Kunst dann gar nicht einzusetzen brauchte. Um in den Genuss von Sophiens Anblick zu kommen, pflegte er zu schwärmen, würde er notfalls von Wilhelmshaven nach Christianssiel zu Fuß laufen, sogar noch bei Nacht und Nebel und zwanzig Grad Kälte und Windstärke zwölf – so sehr, behauptete Jan-Willem, hätten es ihm ihre wunderbaren Nussaugen angetan. Sophie lachte dazu nur und meinte, es seien wohl eher ihre *Nussstangerln*, die sie so attraktiv erscheinen ließen – was Jan-Willem natürlich vehement in Abrede stellte.❡

O ja, er ist schon ein richtiger Herr, unser guter alter Onkel Jan-Willem, der sein Leben lang so gut wie immer Junggeselle blieb. Er war zwar einmal verheiratet, aber nur ein bisschen, dafür aber sehr intensiv mit jener anfangs erwähnten karibischen Schönheit von der Farbe der Kakaobohnen, mit denen die Familie van Köping damals noch ihre Brötchen verdiente. Sie müssen wissen, dass unser Onkel (der übrigens nur einer unserer Nennonkel war) vor nunmehr sechsundneunzig Jahren als Millionär zur Welt kam und es eigentlich nie nötig gehabt hätte zu arbeiten. Er war der Erbe eines mittelgroßen holländischen Kakao-Imperiums, das heute, wie sollte es auch anders sein, von einem größeren geschluckt wurde, das wiederum demnächst von einem noch größeren geschluckt wird. Dieser Prozess nennt sich Globalisierung, wie uns allen *sattsam* bekannt sein dürfte, so dass jedem, der noch normal fühlt und denkt, schon bei dem Gedanken daran übel wird. Jan-Willem nennt diesen Prozess, den man uns als normal, natürlich und unausweichlich präsentiert, „La grande bouffe", „Das große Fressen", und er findet es auch gar nicht seltsam, dass am Ende der Nahrungskette stets irgendein Multi steht. Er fragt sich nur, was diese Giganten tun, wenn's nichts mehr gibt, was sich fressen ließe, aber darüber denken wir mal lieber nicht nach. Denn eigentlich geht es hier um die Liebe und das Leben und um die Dinge, die wirklich zählen oder die gezählt haben, bevor die Profitmaximierer das Ende der Gemütlichkeit anpfiffen. ❡

Jan-Willem ist ein wirklicher Ehemann eigentlich nie gewesen – mehr so der Typ „verheirateter Junggeselle". Er

Es geht hier um die Liebe und das Leben und um die Dinge, die wirklich zählen oder die gezählt haben, bevor die Profitmaximierer das Ende der Gemütlichkeit anpfiffen.

mochte die Damen einfach zu sehr und konnte – wie nannte es Sophie-Louise? – das Mausen ebenso wenig lassen
wie unser Hubertus. So hieß ein leicht übergewichtiger
Kater, der auf dem Willemshof die Mäuse in Schach hielt
und der trotz aller Gewichtsprobleme und einem haarsträubenden Cholesterinspiegel erstaunlich hurtig und bei den
Damen allseits beliebt war. Womit wieder mal bewiesen
wäre, dass die Sache mit dem Cholesterinspiegel ja so
ganz nicht stimmen kann. Nach seinen nächtlichen Jagd-
ausflügen ruhte er sich gern ein wenig in unserer Christianssieler Küche aus, wo er (wie jedes andere irdische
Mitgeschöpf auch, das sich in unsere Küche verirrte)
Zuwendungen in Form von Kaffeesahne für den Leib und
Streicheleinheiten für die Seele erhielt. Auch konnte er
sich darauf verlassen, dass er, so ihm ein anderer, jüngerer
Kater einmal überdeutlich die Meinung gesagt hatte, zu-
sätzlich auf ein Stückchen Butter rechnen konnte oder
eine Eiermilch mit einem Schuss *Bier* drin.❡

Sophie-Louise hatte für jede Form von körperlichen
oder seelischen Blessuren bei Mensch und Tier stets die
passende Medizin zur Hand, von ihrem bereits erwähnten
Erste-Hilfe-Kasten über den einen oder anderen Likör bis
hin zum Schokoladenpudding, der, mit Sahne und Mandeln
und noch ein wenig warm serviert, jedes noch kindlich ge-
bliebene Herz erwärmte. Auch Jan-Willem bekam Stärkun-
gen gereicht, wenn er des Morgens nach einer durchliebten
oder -zechten Nacht durch die Hintertür schlich und erst
einmal ein kräftigendes, im Wesentlichen aus Eiern bestehendes Frühstück zu sich nahm, einen so genannten
Nitsmijter. Das ist eine Art holländisches Nationalgericht.❡

„Ach, Iseken", seufzte er dann, „ich werde dich lieben
bis zum letzten *Abendzug*", und Sophie-Louise lachte, auch

wenn der Witz schon *sehr* alt war, wurde ein bisschen rot und schaute noch, als sie schon fünfundneunzig war (und Jan-Willem immerhin einundneunzig), ein wenig verlegen auf ihren Wiener Regulator: Jetzt müsse sie aber *ganz schnell* ihre „Schweinsjungfer im Schlafrock" in Angriff nehmen, sonst komme sie heute gar nicht mehr „zu Potte", sagte sie dann, denn sie beherrschte auch ein paar platt-deutsche Vokabeln, und verschwand in ihrer Speisekam-mer – angeblich auf der Suche nach Mehl. Dabei stand das Mehl da, wo es immer stand: auf dem großen barocken Eichentisch, auf dem schon ihre Mutter und vorher ihre Großmutter die Strudel ausgezogen hatten.

In Jan-Willems Leben soll es einmal eine Unsterbliche Geliebte gegeben haben, aber Genaueres wusste keiner, nicht einmal mein Großvater. Irgendwann als jungen Kerl habe ihn der Blitz getroffen, aber die Schöne habe einen anderen geheiratet und darüber sei mein Onkel Jan-Willem nie hinweggekommen. Sie sei seine erste Liebe gewesen, ein bildhübsches, engelsgleiches Wesen, das dieselben Nussaugen wie Sophie-Louise gehabt habe. Auch sie sei Öster-reicherin gewesen und unglaublich char-mant und überdies eine begnadete Köchin, eine Beschreibung also, die auf so gut wie alle Österreicherinnen zutrifft. Die „Jung-

Es gibt Rezepte, die nicht nur die persönliche Biographie entscheidend verändern können, sondern sogar die Weltgeschichte.

fer im Schlafrock", die auch zu den kulinarischen Kabinett-stückchen meiner Großmutter gehörte, habe Jan-Willems Unsterbliche Geliebte auf eine Weise zuzubereiten ge-wusst, die selbst noch Dschingis Khan in ein lammfrommes Wesen verwandelt hätte, wäre er denn in den Genuss dieser Speise gelangt. „Es gibt eben Rezepte", davon war Sophie-Louise überzeugt, „die nicht nur die persönliche

Biographie entscheidend verändern können, sondern sogar die Weltgeschichte, wenn man die Dinge nur richtig einrührt."

Schon die hoch erotische Bezeichnung „Jungfer im Schlafrock" sei ja ein Hinweis auf die Genüsse, die diese liebevoll in Blätterteig gehüllte Köstlichkeit in Aussicht stelle.

Was übrigens aus Jan-Willems Geliebter wurde und aus den Schlafröcken, darüber schwieg er sich beharrlich aus, die nussäugige Schönheit sei für ihn auf immer unerreichbar und das sei die eigentliche Tragik seines – an Tragik sonst nicht gerade reichen – Lebens.

„Glaubt nicht, wenn irgendein Kosmetikhersteller euch das Blaue vom Himmel verspricht und behauptet, dieses oder jenes Mittelchen mache *schön*. *Schön* macht der sanft gerötete Teint, den man bekommt, wenn alles beim Anblick von Mohnnudeln in Butter aufstöhnt vor Lust. Jedem, der gut kochen kann", fand Sophie-Louise, „stehen alle Türen offen. Schönheit ist daneben nicht halb so wichtig."

„Die Franzosen", schwärmte meine Großmutter, „haben in ihrer Geschichte nie wirklich Mangel gelitten. Sie haben nicht nur diese wunderbaren feschen Baskenmützen erfunden und den Dreitagebart, nein, sie haben überdies eine solche Vielfalt an Käsesorten und Weinen und Liebesstellungen entwickelt, dass sich allein diese Dinge mit Fug und Recht als eine Art Kulturdenkmal bezeichnen lassen – von den formidablen *Terrines* und *Soufflés* und den variationsreichen *Crêpes* einmal ganz abgesehen. Und natürlich auch von den wunderbaren Duftwässern, die sich die Franzosen ausgedacht haben."

Die Liebe geht nämlich (auch) durch die Nase. Der Duft von Heu oder von Tannennadeln zum Beispiel oder auch

der Geschmack von *Frigeo*-Brausepulver („Waldmeister") –
all das zaubert Erinnerungen in unsere Seele, an die wir
willentlich gar nicht herankommen.

Deswegen ist es gar nicht so abwegig, sich hin und wieder die Genüsse zu leisten, die wir aus möglicherweise
glücklicheren Zeiten kennen. Eine Cremewaffel oder eine
Hand voll von diesen klebrigen Himbeerbonbons, die es
früher in jedem Tante-Emma-Laden gab,
ein paar Gummibärchen oder auch eine
tüchtige Portion Reibekuchen mit Speck,
das leistet unter Umständen mehr für
unser Wohlbefinden als ein fünfunddrei-
ßiggängiges Gourmetmenü. Mich jedenfalls erinnern holländische Lakritzen, wie
es sie offensichtlich nur auf norddeutschen Wochenmärk-
ten zu kaufen gibt, immer an meine endlos langen Kind-
heitssommer, in denen die Hitze zwischen den Föhren
stand, während wir barfuß durch den glühenden Sand
liefen.

*Düfte zaubern
Erinnerungen in
unsere Seele, an die
wir willentlich
gar nicht herankommen.*

Warum ist es überall auf der Welt Tradition, dass es zu
bestimmten Feiertagen immer dasselbe Gericht gibt? Ich
selbst gehöre zu der Fraktion von Leuten, die am Heiligen
Abend Würstchen mit Kartoffelsalat serviert – das war
schon immer so und es würde etwas fehlen, wenn wir's
anders machten. Nicht einmal das Rezept dafür wage ich
auch nur um ein Iota abzuändern. So entstehen Traditio-
nen, weil sich die wirklich schönen Erinnerungen an Sin-
neseindrücken festmachen …

So hat Sophie-Louise ihr Leben lang auch nur ihre
Palmolive-Seife benutzt, weil sie nach Kindheit duftete, und
deswegen bin ich ebenso damit aufgewachsen. Ich weiß
noch, wie entrüstet ich war, als die Firma vor ein paar Jah-

ren plötzlich mir nichts, dir nichts die Rezeptur dafür änderte.¶

Auch eine Seife, ein Duft, eine Schallplatte, ein Buch vor allem, fand Sophie-Louise, könnten so eine Art Glücks-reserve darstellen, von der sich immer dann zehren ließe, wenn das Leben wieder mal drauf und dran sei, uns am langen Arm verhungern zu lassen.¶

Aber apropos verhungern: Ist es Zufall, frage ich mich, dass in den Ländern, die mit Raffinesse kochen und mit Olivenöl, auch die Liebe in so hohem Kurs steht? Dass ein gutes Essen auf angenehm dumme Gedanken führt, weiß man dort seit Jahrtausenden und deswegen ist die Tradition der großen *repas en famille* in Ländern wie Frankreich zum Beispiel auch nie abgerissen.¶

Die Deutschen hatten es (mangels Raffinesse) da immer schon schwerer. Auch die Engländer sind in diesen Dingen wahrscheinlich wegen des vielen Nebels leicht benachtei-ligt. Ole Hansen machte den freudlosen Puritanismus für die diesbezüglichen Probleme der Briten verantwortlich, aber Sophie-Louise, die für alles kulinarisch orientierte Erklärungsmodelle parat hatte, war der festen Überzeu-gung, dass es eher die unselige Erfindung eines gewissen Earl of Sandwich gewesen sei, die das Ende der Gemütlich-keit eingeläutet hätte. Seither gibt es *Fast Food*, und *Fast Food* ist *fast* schon *food*, aber eben nur *fast*. Dieser höchst blaublütige Sandwich, müssen Sie wissen, war vom Spiel-teufel besessen und um den Kartentisch nicht einmal zum Zwecke der Nahrungsaufnahme verlassen zu müssen, ließ er sich, weil er zudem noch Probleme mit den Beißerchen hatte, ungetoastete belegte Brote servieren. Was er machte, wenn er mal Hände waschen musste, ist nicht überliefert, auch weiß man nicht, ob der Genuss dieser Brote der

Gesundheit jenes ersten *Sandwichman* zu- oder abträglich war, sicher ist nur, dass sich seither die Menschheit unzählige Gelegenheiten entgehen lässt, das Ritual gemeinsamen Essens zu genießen.

Überall auf diesem Globus schiebt man sich schnell irgendwas zwischen die Zähne, was im Falle der erwähnten Sandwichs zum Beispiel in etwa so schmeckt, als habe die Dinge ein Stuckateur erfunden oder ein Trockenbauspezialist. „Kein Wunder", meinte Jan-Willem van Köping dazu, „dass die Engländer ihr Weltreich verloren haben. Die Butterbrote, die ein ebenso spleeniger wie zahnloser Mümmelgreis einstmals erfand, sind möglicherweise der Grund dafür. Dass es mit der Libido auf der Insel nicht zum Besten steht, ist inzwischen auch allgemein bekannt. Die Engländer scheinen ja gerade genug davon aufzubringen, um nicht auszusterben – und wer weiß, vielleicht sind auch daran diese Pappdinger schuld. Der Mensch ist, was er isst."

Jan-Willem fuhr übrigens, das sei hier noch erwähnt, nie ohne einen Riesenvorrat an „overjarige Gouda" nach England, denn in Sachen Libido wollte er keine Risiken eingehen. Das gab bei den Kontrollen zwar ständig Stress, weil die Sicherheitsspezialisten den Käse immer sehr genau untersuchten, denn es könnte sich dabei ja auch um Plastiksprengstoff

Das Vergnügen, mit anderen zusammen zu essen, ist einer der wichtigsten Schlüssel zum Glück.

handeln. Aber wenn Jan-Willem sich als Holländer auswies, zeigte man zumeist vollstes Verständnis für den Käse. Mein Onkel nahm diese Dinge gelassen hin, denn in England lebte Rose, die unter meines Onkels Liebe und unter einer konsequenten Gouda-Diät geradezu aufblühte, wie man hört, aber das ist eine lange und auch schöne Geschichte, nur gehört sie wohl nicht so ganz hierher.

Denn hier geht es ja um das, was Leib und Seele zusammenhält – um das Vergnügen nämlich, mit anderen zusammen zu essen. Denn das ist einer der wichtigsten Schlüssel zum Glück, den wir täglich aus der Hand geben, indem wir in unserem aus Stress und Zeitmangel zusammengesetzten Leben *irgendetwas* essen, was sich uns an der einen oder anderen Straßenecke bietet.

Warum hat man wohl in den Knoblauch- und Olivenölländern nachgewiesenermaßen weniger Herz- und Kreislaufprobleme? Nicht, weil das, was man da isst, alles so wahnsinnig gesund ist. *Nein, man lebt dort länger und weitaus angenehmer, weil man nicht nur aus dem Kochen, sondern auch aus dem gemeinsamen Essen eine Kunst gemacht hat*, weil man dort *mit anderen zusammen* die guten Gaben Gottes zu genießen pflegt – und das mit einer *Seelenruhe*, die protestantischen Ländern irgendwie abgeht. Das ist es. Das ist eines der Geheimnisse des Glücks.

Am Mittelmeer, das jahrtausendelang das Zentrum europäischen Geisteslebens war, weiß man um diese Zusammenhänge. So haben die Franzosen die Menschheit nicht nur um *toujours l'amour* und ihr wunderbares *Laisse-faire*, *Laisser-aller* bereichert, sondern auch um ihr *Savoir-vivre*. Nur meinen sie damit gar *nicht* die „Kunst das Leben zu genießen", wie man hierzulande annimmt, sondern die Kunst des höflichen Umgangs mit ihren Mitmenschen. Darin liegt ein kleiner, feiner und sehr bedeutsamer Unterschied: Die *Franzosen setzen nämlich leben und sich zu benehmen wissen gleich*. Mit *Savoir-vivre* sind die Manieren gemeint, die Umgangsformen, und jemand, der unter einem *manque de savoir vivre*, einem *Mangel an Kultiviertheit* also, leidet, der ist ein ungehobelter Klotz und nicht etwa jemand, dem es an Lebensfreude gebricht. Unter dem *Savoir-vivre* der Franzosen

jedenfalls haben sich die Deutschen aufgrund eines fatalen Übersetzungsfehlers immer etwas völlig Falsches vorgestellt, etwas, das sich mehr im Bauch – oder in etwa auf der Höhe der Gürtellinie – abspielt denn im Kopf.

Nun, ganz falsch lagen wir damit auch wieder nicht. Immerhin haben die Franzosen die vielleicht raffinierteste Küche der Welt erfunden und die Menschheit mit der *Sauce Béchamel* und der *Béarnaise* beglückt, sie dachten sich auch die *Hollandaise* und möglicherweise erst im Nachhinein dazu den Spargel aus – weil sie nämlich ein Gemüse brauchten, mit dem sich dieses Schaumgebilde elegant zum Munde führen lässt. Saucen gibt es in Frankreich, bei denen einem schon das Wasser im Munde zusammenläuft, wenn man nur den Namen ausspricht: die *Sauce Aurore* z. B., jene sanft gerötete Kreation, die ihren Namen der Morgenröte verdankt! Wozu braucht eine Nation, die solch himmlische Genüsse ersinnt, noch Liebeslyrik?

Gegen so etwas können wir Deutschen mit unserem Presssack natürlich nur schwer anstinken. Auch Kohl und Pinkel oder Sülzkoteletts, Obatzda oder Blaue Zipfel oder auch unsere berühmten Handkäs mit Musik dürften sich, nun sagen wir, relativ ungünstig auf alle Romantik auswirken. *Schlesisches Himmelreich* klingt noch am poetischsten, auch das *Sächsische Liebesmahl* verspricht ja so einiges, was es dann nicht hält, aber so sind wir nun mal – ein wenig kopflastig eben. Im Süden, überall, wo es katholische Kirchen gibt und Pergolen, unter denen man sich des Abends trifft, hat man bekanntlich ein weitaus größeres Interesse an allem, was sich auf das Thema Fortpflanzung und die doch ganz netten Leibesübungen bezieht, die damit in Zusammenhang stehen.

Ein bisschen etwas sollten wir von ihnen lernen.

In Kapitel 3 wird die Frage erörtert, was Epikur zu all dem gesagt haben dürfte.

Was das Kochen betrifft, so ist die Hauptsache, dass man die Ergebnisse seiner kulinarischen Bemühungen nicht allein zu sich nimmt. Steht ja schon in der Bibel: Es ist nicht gut, dass der Mensch allein *isst*. Und dagegen lässt sich schwerlich etwas einwenden, oder? Also gut, ich gebe zu: Ihr Argument, dass Ihnen die Zwänge des Alltags für diese Dinge kaum noch Raum

> *„Ein Übel ist der Zwang, aber was zwingt mich, unter Zwang zu leben?"*
>
> EPIKUR

lassen, hat etwas für sich. Doch wie sagte Epikur: *„Ein Übel ist der Zwang, aber was zwingt mich, unter Zwang zu leben?"*❡

Was diese Lichtgestalt über die Kunst *ganz einfach* zu leben wusste, zählt möglicherweise zum Klügsten, was in den letzten zweieinhalbtausend Jahren gedacht wurde. Seine „Philosophie der Freude und der Freundschaft" ist übrigens auch das Buch, das mein Großvater immer dabei hatte. Es steckte hinten in seiner Hosentasche und es konnte durchaus geschehen, dass er, wenn er aus dem Hause ging, zwar seine Börse vergaß, nicht aber jenes zweisprachige Reclambändchen, das er schon als Student in Leipzig besessen hatte. So manchen epikureischen Lehrsatz wusste er auswendig – auf deutsch ebenso wie im griechischen Original –, und wenn man ihn daraufhin befragte, lief er zu Höchstform auf: „Kaum eine Weisheitslehre der Welt", erklärte er uns dann, „wurde so gründlich missverstanden wie die der Epikureer – mit Ausnahme des Christentums vielleicht noch, das bald nach seiner Entstehung mutwillig uminterpretiert wurde. *Dabei leuchtet Epikur wie ein Stern am Himmel der Philosophie*, man muss nur genau hinschauen und sich nicht auf das verlassen, was andere über ihn gesagt haben. Dieser freundliche alte Mann lebte in einem Garten in Mytilene und später in Athen und er fand, dass auch Frauen und Sklaven zu seiner Philosophenschule Zugang haben sollten. Allein das war schon ziemlich unerhört damals und vielleicht ist auch das der Grund, warum man ihn so anfeindete. Denn so harmlos das, was er lehrte, zunächst auch klang, es hatte, eben weil es (wie das Christentum auch) so friedfertig war, geradezu revolutionäre Sprengkraft. Epikur lehrte, dass die Gottheit freundlich ist und weise und keinerlei Interesse daran hat, uns zu schaden – denn sonst wäre sie ja nicht göttlich –, und dass es deswegen auch unsinnig ist, Angst zu haben. Das ist natürlich eine Gottesvorstellung, die der Machtpolitik anderer Religionen nicht so recht ins Konzept passte. Auch fand man ganz offensichtlich die Idee gefährlich, dass das Leben liebenswert ist, wenn es uns gelingt, uns aus dem Gefängnis des Alltags und unserer Begierden zu befreien und stattdessen gute Freunde um uns herum zu versammeln. Und deswegen hat man damals zugesehen, dass sich Epikurs Lehre nicht so herumspricht.❡

Gemeinsam zu kochen und zu essen ist eine der ältesten Formen sozialen Handelns.

„Von allen Gütern, die die Weisheit sich zur Glückseligkeit des ganzen Lebens zu verschaffen weiß, ist bei weitem das größte die Fähigkeit, sich Freunde zu erwerben", lehrte Epikur. Und wie anders als beim gemeinsamen Mahl lässt sich Freundschaft beginnen und festigen?❡

Gemeinsam zu kochen und zu essen – und zwar in einem möglichst großen Kreis von Gleichgesinnten – ist eine der ältesten Formen sozialen Handelns, sie liegt uns geradezu im Blut.❡

Und diese Aussage lässt sich durchaus wörtlich nehmen: Vielleicht ist *unsere Lust am Teilen genetisch festgelegt.*

Ich gehe sogar jede Wette darauf ein, denn die Evolution hat, als sie ihr Experiment Mensch startete, alles in uns festgelegt, was soziales Verhalten fördert. Nur so waren wir überlebensfähig. Arbeitsteilung war angesagt und *ohne das Prinzip Nächstenliebe* hätte es uns schon beim ersten Versorgungsengpass „derbröselt", wie Sophie-Louise es in ihrer an Bildern nicht gerade armen Muttersprache nannte.❡

Charles Darwin hat es – ganz wertfrei – so ausgedrückt: Soziales Miteinander bot einen evolutionären Vorteil. Das Gesetz des Dschungels, der Kampf aller gegen alle, ist demnach kaum mehr als eine Fabel, erdacht von ein paar Leuten, die über einen zu hohen Testosteronspiegel verfügen (s. o.) und die flugs den Sozialdarwinismus erfanden, um ihre eigene Aggressivität als etwas ganz und gar Natürliches darzustellen. Damit ließ sich ganz trefflich jede Form von Rücksichtslosigkeit und Egoismus als gottgegeben präsentieren. Seither ist es, machen wir uns da nichts vor, ziemlich ungemütlich geworden auf diesem Globus, der eigentlich ganz schön sein könnte und Platz und genügend Nahrung für alle bieten würde, wenn die Machthungrigen nicht allenthalben das Sagen hätten.❡

Dabei wäre das *Survival of the Fittest* im Grunde eine feine Sache, wenn wirklich die Tüchtigsten alle Chancen hätten. Doch wenn man genau hinsieht und nur einen Buchstaben austauscht, erkennt man, dass *Survival of the Fattest* wohl eher hinkommt … Und jetzt muss Charles Darwin, dieser liebenswerte, gütige Mensch, herhalten, um das globale Konkurrenzdenken theoretisch zu unterfüttern. Dabei hat *Darwin mit Sozialdarwinismus in etwa so viel zu tun wie Jesus, Maria und Josef mit dem Großinquisitor.*❡

Darwin würde sich, schätze ich mal, im Grabe umdrehen, wenn ihm einer erzählte, was man aus seiner *Origin of*

Species gemacht hat. Vielleicht hat er das ja auch – hat nur noch keiner nachgekuckt in Westminster Abbey, wo er neben anderen überragenden Geistern seine Ruhestätte fand. Dass Leben gleichbedeutend mit Kampf ist, stimmt schon, *aber es gilt nur für den männlichen Teil der belebten Natur*, und wenn das genannte Testosteron nicht so übermächtig wäre, könnte es eigentlich ganz gemütlich zugehen auf Erden.⁋

Denn an sich sind wir Altruisten, das heißt wir sind in unserem Denken und Fühlen durch die Rücksicht gekennzeichnet, die wir auf andere nehmen. Mit *alt* (im Gegensatz zu *neu*) hat das Wort übrigens nichts zu tun, obwohl es vielleicht so klingt, als habe es jemand irgendwo exhumiert oder beim Alteisen abgegeben. Altruismus kommt vom lateinischen *alter* (wie in Alternative) und bedeutet nichts anderes als „der andere". *Die Nächstenliebe ist also keine Erfindung des Christentums. Der Mensch ist gut – zu dieser Erkenntnis müssen sich wohl oder übel auch die Leute durchringen, die bisher vom Gegenteil überzeugt waren.* Denn die neuesten Ergebnisse der Gen- und Gehirnforschung lassen keinen anderen Schluss zu: *Wir sind von unserer genetischen Ausstattung her auf den anderen ausgerichtet und jeder Versuch einer Gehirnwäsche kann nur fatale Folgen für unsere Psyche haben.* Das heißt: Eine auf hemmungslosen Individualismus ausgerichtete Gesellschaft zwingt uns, permanent gegen unser Gefühl zu leben. Es wird Zeit, dass das aufhört – denn es macht uns krank.⁋

Zur Zeit leiden allein in Deutschland zwanzig Millionen Menschen an mehr oder weniger schweren Depressionen. Das ist eine Zahl mit sieben Nullen, wenn ich in Mathe damals richtig aufgepasst habe (was ehrlich gesagt eher selten vorkam.)⁋

Jedenfalls ist diese Zahl gigantisch und sie dürfte zum größten Teil auf das Konto eben jener Gehirnwäschespezialisten gehen, die seit nunmehr dreißig Jahren an ihrem edlen Lebenswerk herumbosseln. Sie versuchen, aus uns eine Schar versprengter Einzelkämpfer (zu deutsch „Singles" wie in „Single bells, single bells, *single all the time*") zu machen und das ist ihnen bislang auch

Endorphine gibt's nur, wenn wir unser Brot mit anderen teilen.

ziemlich gut gelungen. Dass wir alle ein bisschen unglücklich sind, macht rein gar nichts, im Gegenteil: *Melancholie hebt das Geschäft* und Singles waren schon immer die dankbareren Kunden in dieser ICH-und-MEIN-Magnum-Gesellschaft.❡

Dafür spricht sich jetzt so langsam die Erkenntnis herum, dass einsamer Genuss vielleicht doch nicht ganz das Wahre ist.❡

Die griechische *Agape*, die Liebe zum Nächsten, die sich nach christlichem Verständnis im gemeinsamen Mahl ausdrückt, feiert fröhliche Urständ – zum Entsetzen der Profitmaximierer und Eisverkäufer (s.o.). Man entdeckt sie gerade neu, die uralte Beobachtungstatsache, dass es keine Freude macht, allein zu essen. Endorphine, jene Glücksbonbons, mit denen Mutter Natur soziales Verhalten belohnt, gibt's nur, wenn wir unser Brot mit anderen teilen. So einfach ist das eigentlich.❡

„Die Liebe ist in der Küche daheim", lehrte meine Großmutter, „das Feuer ist hunderttausend Jahre lang der eigentliche Mittelpunkt allen Lebens und aller Liebe gewesen. Wer kochen kann, dem streben alle Seelen zu und im sanften Feuerschein hat sich schon so mancher Jüngling in die Schöpferin all dieser Hochgenüsse verliebt, mehr jedenfalls als in unseren Discos."❡

Damals, als der liebe Gott die Evolution sich selbst überließ, hat er erkannt, dass gemeinsam alles besser geht und dass Adam und Eva nur dann eine echte Chance haben, wenn sie miteinander und füreinander arbeiten und nicht gegeneinander.

So wurde denn aus der Nahrungsbeschaffung und -zubereitung der ursprünglichste Ausdruck menschlicher Fürsorglichkeit. Und ist Liebe ohne Fürsorglichkeit zu denken? Nein! Nur vergessen wir das allzu oft.

Es macht glücklich, mit anderen zusammen zu essen, und es ist fad, allein zu sein. Das klingt ziemlich banal, aber so ist es wohl. Und auch das Gegenmittel dafür klingt nicht spektakulär: Es besteht ganz einfach darin, Freunde einzuladen – und zu bekochen, von mir aus nur mit ein paar Käsnudeln. Was es ist, das da auf den Tisch kommt, ist ziemlich egal – solange es nicht irgendwelche aufgewärmten Butterschnitzel (alias Buletten) von MacSowieso sind, oder wie nennt man diese erstaunlich elastischen Pappdinger noch mal, die so schmecken, als hätte da einer alte Autoreifen wieder verwertet?

Kapitel 4 behauptet doch glatt,
dass ein großer Esstisch eigentlich das
wichtigste Möbel im Hause ist.

Der Königsweg zum Glück, vergessen wir das nicht, führt immer noch durch die Küche. Und deswegen will Ihnen dieses Buch auch allen Ernstes vorschlagen, den Tisch zum wichtigsten Möbel in Ihrem Leben zu machen. Denn er ist und er bleibt auch „fürwahr der sicherste Ankerplatz in den Stürmen des Lebens", wie es Krischan

Brahm in seiner an nautischen und anderen Bildern reichen Sprache ausdrückte.❡

Auch Jan-Willem van Köping war davon überzeugt, dass man sein Geld gar nicht besser anlegen könne als in einem großen Tisch, an dem möglichst viele Freunde Platz haben. Im Zweifelsfalle werfe man lieber sämtliche Sofas hinaus und ersetze diese Sitzgelegenheiten durch ohnehin viel bequemere Korbsessel, in denen man sich so wunderbar hängen lassen kann und in denen auch ein Hänfterling von einem Mann noch aussieht wie der große Gatsby persönlich.❡

An jedem Wochenende hatte Jan-Willem Gäste daheim und über die Jahre hat er ganz nebenbei so viele Ehen gestiftet, dass das Wilhelmshavener Standesamt ihm zu seinem Hundertfünfzigsten Ehebund eine Gedenkmünze stiftete nebst einer goldenen Uhr, auf der „tempus fugit" steht. „Sie eilt wirklich, die Zeit, und deswegen sollte man mit dem Glücklichsein nicht allzu lange warten", fand Jan-Willem. „Gibt es etwas Besseres, als mit einigen Freunden zusammen einen ganzen Sommerabend lang im Garten zu sitzen und über Gott und die Welt zu diskutieren? Verblassen daneben nicht sämtliche anderen Genüsse, die dieses Leben zu bieten hat?"❡

Man kann sein Geld gar nicht besser anlegen als in einem großen Tisch, an dem möglichst viele Freunde Platz haben.

Wer weiß, dass er am Samstag Gäste hat, freut sich bereits am Montag darauf und allein das ist schon wunderbar, vor allem wenn man bedenkt, dass weit über *zwanzig Prozent aller Deutschen nicht mehr zu sagen wissen, worauf sie sich freuen.* Und das ist nicht nur bei Licht besehen, sondern auch in jeder anderen Beleuchtung *todtraurig.* Allerdings stellen die Deutschen im europäischen Vergleich in dieser

Beziehung das Schlusslicht dar. Am glücklichsten sind, das haben Umfragen ganz eindeutig ergeben, ausgerechnet *die Iren*, ein trinkfestes, höchst geselliges Völkchen, das sich am Abend ziemlich geschlossen in seine *Pubs* begibt.¶

Kapitel 5 erklärt, was ausgerechnet einer dieser englischen Roundabouts in einem Buch über *Herzensdinge* zu suchen hat. Mehr als Sie denken, denn gute Freunde verkuppeln einander gegenseitig.

Wenn es uns gelingt, Freundeskreise zu bilden, zu dem mal der eine, mal der andere hinzukommt, dann hätten die Bedürfnisproduzenten auf diesem Globus schon verloren. Ein *Roundabout* ist eine wunderbare Sache, wenn man einmal kapiert hat, wie die Dinge zusammenhängen. Gesellschaftlicher Verkehr könnte im Grunde ähnlich reibungslos funktionieren, solange sich alle einig sind und die Regeln beachten.¶

Dann hätte auch die Liebe wieder eine Chance.¶

„Wie das?", fragen Sie sich jetzt sicher. Ganz einfach, weil gute Freunde einander verkuppeln. Sie sehen immer zu, dass auch Solisten zu ihren *Roundabouts* stoßen – *so funktioniert das nämlich seit Jahrtausenden. Und es gibt keinen Grund anzunehmen, dass dieses uralte Prinzip nicht auch heute noch Gültigkeit haben sollte.*¶

Jan-Willem van Köping macht es noch heute große Freude, seine Zeitgenossen miteinander zu verkuppeln, und er fordert jedes Pärchen dazu auf, für andere dasselbe zu tun. Wenn jeder sich bemühte, für eine überschaubare Anzahl von Menschen genau das zu tun, was andere ihm an Gutem getan haben, dann sähe dieser Globus ganz anders aus. Denn Glück zieht Kreise. Freundeskreise.¶

Jan-Willem van Köping ist übrigens, was das Kochen betrifft, nicht gerade eine Leuchte. Oder sagen wir, Lukullus hat sich seinerzeit nicht direkt „über seine Wiege gebeugt", wie die Franzosen es ausdrücken. Er hat zwei linke Hände und das ist vor allem beim Zwiebelschneiden relativ unpraktisch. Aber trotzdem hat ihn das nie daran gehindert, jede Menge seiner Zeitgenossen mit den zweifelhaften Ergebnissen seiner kulinarischen Bemühungen zu beglücken. Und tatsächlich war jede seiner berühmten Veranstaltungen ein echter Erfolg, auch wenn das Szegediner Gulasch wieder einmal angebrannt war, und jeder versierte Koch weiß, dass gerade Szekej-Gulyas besonders *gern* anbrennt. Es macht sich geradezu einen *Sport* daraus (nach dem Motto: Wer ist schneller – der Koch oder ich?). Angebranntes Sauerkraut ist nun wirklich das Allerletzte, was Stimmung aufkommen lässt, und doch gingen die berühmtberüchtigten Gesellschaften meines Onkels selten vor dem Morgengrauen auseinander. Das lag zu einem großen Teil an Jan-Willems beträchtlichem Charme und natürlich auch an dem Knistern, das zwischen den Pärchen entstand, die er miteinander zu verkuppeln dachte. Der Wein tat ein Übriges. Denn davon gab es ausreichend, schon allein deswegen, weil jeder einen mitbrachte, und Vorausschauende hatten auch eine Schale Tiramisu im Gepäck oder sonst irgendeine nahrhafte Speise für den nicht ganz unwahrscheinlichen Fall, dass Jan-Willems Szekej-Gulyas schon wieder angebrannt war. Wenn man ihn deswegen aufzog, schmollte er ein wenig und behauptete, das Fleisch sei nicht etwa *angebrannt*, sondern nur ein wenig *scharf gebraten*. Es sei alles nur eine Frage der Perspektive. Ihm jedenfalls schmecke es. Es schmeckte auch tatsächlich, aber erst nach dem vierten Glas Wein. Und wer sich an jenen Abenden auf den ersten Blick verliebte, dem war alles Essen plötzlich sowieso schnuppe ... ❡

Wenn die anderen, die in puncto Liebe leer ausgingen, nicht verhungerten über Jan-Willems scharf gewürzten, scharf gebratenen Kreationen (bei denen eher Sado-Masoch als Brillat-Savarin Pate gestanden haben dürfte), so lag das vor allem an den riesigen Stücken *overjarige Gouda*, die er stets mit einem großem Messer auf den Tisch stellte. Jan-Willem war nicht zufällig Holländer, sondern aus voller Überzeugung und der bröcklige *Old Amsterdam,* der in den Niederlanden mit Gold aufgewogen wird, war so unglaublich gut, dass man Sterne sah, wenn einem ein Scheibchen davon auf der Zunge zerging. ❡

„Ein bisschen Brot und Käse und Wein kann man immer im Hause haben", lehrte auch Sophie-Louise. „Und was braucht man mehr zum Glücklichsein?" ❡

„Es tut gar nicht Not, dass man sich als Cordon bleu auszuzeichnen versucht. Allzu kompliziert sollte das, was man auf den Tisch bringt, gar nicht sein, sonst haben die Gäste ein schlechtes Gewissen und überlegen, wie sie das nur wieder gutmachen können. Hier gilt, wie bei allem anderen auch, allzu viel schadet bloß. Jeder von euch sollte sich ein paar Dinge ausdenken, die leicht zu verwirklichen sind, ohne dass man stundenlang einkaufen und kochen muss. Verblüfft eure Freunde lieber mit der guten, einfachen, bodenständigen *cuisine du terroir* und überlasst allen Fünf-Sterne-Zauber den Leuten, die mit diesen Krokodilen auf der Hemdbrust rumlaufen – oder mit Uhren am Handgelenk, die den Gegenwert eines Kleinwagens haben." ❡

Die spontanen Feste meiner Großmutter waren berühmt, vor allem die Frühstücke, die Sophie-Louise nach einer durchfeierten Nacht auszurichten pflegte. Noch heute brauche ich nur die Augen zu schließen und schon ist sie wieder da, die Erinnerung an jene unendlichen Morgenstunden in der Küche, wenn die Sonne hinter den Kirschbäumen im Garten aufging und Sophie-Louise den Gugelhupf zubereitete, den sie ihrem Krischan fast achtzig Jahre lang jeden Tag buk. Er liebte ihn heiß und innig und er litt schrecklich, wenn er einmal darauf verzichten musste, weil ihn ein ungnädiges Schicksal an fremde Gestade spülte oder wenn er zeitweilig Sophie-Louises Sympathie verwirkt hatte. Gugelhupfentzug war für ihn das Schlimmste überhaupt ebenso wie für unsern Kaiser Franz-Joseph, den seine letzte Liebe, Katharina Schratt, auch per Gugelhupf an sich zu binden verstand. Sie nahm allerdings Backpulver dazu, und das ist eigentlich schlechter Stil. Dennoch bestätigt diese Geschichte die Theorie meiner Großmutter: Einer Frau, die kochen kann, fressen alle Männer aus der Hand, und warum soll einer klugen Frau mit ihrem Ritter nicht das gelingen, was die Schratt sogar bei einem Kaiser schaffte?

Glück bei den Frauen hat seinerseits nicht nur, wer Klavier spielen kann, sondern wer mit Gefühl und Verstand ein paar Felchenfilets so zu braten versteht, dass auch die Angebetete ebenso dahinschmilzt wie die Butter, die man dazu braucht.

Wer überdies noch die Kunst beherrscht, ein paar Mehlspeisen aus dem Handgelenk zu zaubern, der hat auch die Kinder auf seiner Seite. Daran habe sich, beobachtete Sophie, seit es die Menschheit gibt, nicht viel geändert. Wir jedenfalls waren als Kinder so handzahm

wie neugeborene Lämmchen und schon um elf Uhr vormit-
tags, wenn der verheißungsvolle Duft der Zimtkrusteln
zum Beispiel durchs Haus zog, nahmen wir Witterung auf
wie eine Meute Jagdhunde und konnten es
kaum mehr erwarten. Die Zimtkrusteln,
müssen Sie wissen, waren die Krönung auf
Sophies Wein- oder Biersuppen und wir
haben uns damals vorgestellt, dass das
himmlische Manna gerade so geschmeckt haben müsste,
nach Zimt und jeder Menge Butter und – der Herzensgüte
unserer Großmutter.❡

*Wer Freunde hat, auf die
er sich verlassen kann,
dem kann im Leben nicht
allzu viel fehlschlagen.*

„Die Küche ist, so viel steht fest, das Biotop, in dem jeder
seinen Traummann oder seine Traumfrau antrifft", erklärte
sie. „Und wenn es nicht der Märchenprinz ist oder die
Herzenskönigin, dann bleibt euch immer noch ein guter
Freund. Und das ist mehr, als in dieser vom Einzelkämpfer-
tum bestimmten Gesellschaft üblich ist. *Freundeskreise bilden – das ist eines der Geheimnisse des Glücks.* Sie helfen euch
dabei, sanft zu landen, falls einmal Not am Mann sein sollte, denn wer Freunde hat, auf die er sich verlassen kann,
dem kann im Leben nicht allzu viel fehlschlagen. Und
dafür, sagt Epikur, müsse man schon einiges wagen."❡

**Kapitel 6 bietet eine Übersicht darüber, wie
man diese Dinge praktisch in die Tat umsetzt.
Ganz einfach.**

☙ Gehen Sie in *eine Buchhandlung, in der ohnehin immer
die Antworten auf all Ihre Fragen zu finden sind,* und suchen
Sie nach einem Kochbuch, das Ihrer Erfahrung auf diesem
Gebiet entspricht, das Sie aber nicht überfordert.

꿍 Am besten fragen Sie eine Buchhändlerin, die so aussieht, als könne sie kochen. Das ist schätzungsweise ohnehin bei neunundneunzig Prozent aller Buchhändlerinnen der Fall, denn der ständige Kontakt mit dem Medium Kochbuch wirkt sich sehr auf die Lust am Experimentieren aus. Wenn sie nett ist, diese Buchhändlerin (sind sie meistens), können Sie sie auch gleich zu einem Ihrer Feste einladen, aber üben Sie erst noch ein wenig. Buchhandlungen sind überhaupt der ideale Ort, um Menschen zu begegnen, die sich das Denken noch nicht haben abnehmen lassen, Leuten, die zwischen ihren Ohren noch etwas anderes haben als ein Gummiband, damit der Schädel nicht auseinander klappt. Das Gute ist nämlich: Orte, an denen es „nur Bücher" gibt, werden von Zeitgenossen gemieden, die auf, sagen wir mal, schlichtere Formen von Entertainment stehen. Und das ist sehr praktisch. An den Orten, an denen Bücher zu Hause sind, treffen Sie in der Regel nur Menschen, die wissen, was wirklich zählt. Und wenn sie dann auch noch ähnliche Dinge lesen wie Sie, können Sie sie getrost auf eine Tasse Kaffee einladen.

Buchhandlungen sind überhaupt der ideale Ort, um Menschen zu begegnen, die sich das Denken noch nicht haben abnehmen lassen.

꿍 Es gibt eine wunderbare Frage, die Sie so ziemlich jedem stellen können, den Sie in einer Buchhandlung oder einer Bibliothek treffen: „Was war das Beste, was Sie in letzter Zeit gelesen haben?" (wobei Sie natürlich nicht einfach so jemandem die Pistole auf die Brust setzen sollten, das muss schon locker kommen, wohlgemerkt). Was dann, in der Regel jedenfalls, passiert, ist unglaublich: Jede Vollblutbuchhändlerin, jeder echte Bücherliebhaber verrät Ihnen die Leseerlebnisse, die absoluten *Highlights*, auf die man sonst nicht so leicht kommt. Wenn dann bei dem anderen die Augen zu blitzen beginnen, dann sollten Sie erstens sämtliche Bücher kaufen, die Ihnen Ihr Gesprächs-partner empfiehlt, und Sie sollten sich zweitens überlegen, ob Sie den Bücherliebhaber nicht gern näher kennen ler-nen würden.

❧ Wenn Sie nach erfolgreich abgeschlossenem Koch-buchstudium die Buchhandlung Ihrer Wahl verlassen, zögern Sie nicht allzu lange, Ihren Entschluss in die Tat umzusetzen: Lernen Sie, ein paar gute, einfache Dinge zu kochen aus schlichten, zu Ihrer Region und zu Ihrem Klima passenden Zutaten. Laufen Sie im Dezember nicht hinter frischen Erdbeeren her und lassen Sie die Finger weg von Tintenfischen in Lavendelhonigbeize und ähnlichen Lecke-reien.

❧ Denken Sie immer an das, was Sophie-Louise sagte: *„In der Küche wie in der Liebe ist Ehrgeiz ganz fehl am Platz."* Ein wirklich guter Freund wird Ihnen seine Gedanken-welten genauso gern über einer Schale roter Grütze mit Sahne eröffnen wie über mit irgendwelchen *Mousses* und *Crèmes* und geeisten Limettenschnitzen dekorierten Veil-chenparfaits, die ohnehin immer ein bisschen nach Seife schmecken.

❧ Kochen und backen Sie lieber, was Ihnen wirklich schon geschmeckt hat, als Sie Kind waren – einen Apfel-kuchen mit Schlagsahne zum Beispiel oder einen Auflauf, der, ohne Schaden zu nehmen, im Ofen vor sich hin duftet und es nicht übel nimmt, wenn man ihn eine halbes Stünd-chen warten lässt, bis alle da sind.

❧ Kochen Sie nie allzu aufwendige Dinge, für die Sie schweißgebadet durch die Küche hechten müssen. Das macht den Gästen nur ein schlechtes Gewissen und erfüllt sie mit der drängenden Frage, wie man das jemals wieder gutmachen kann … Das ist nicht Sinn der Sache. Es ist schon allein deswegen unklug, weil es Ihren Gelagen das Spontane nimmt. Oberste Regel: Man lasse alles weg, was unnötig Stress macht. Sonst überlegen Sie sich vielleicht, ob Sie sich diesen Aufwand noch einmal zumuten. Wenn Sie Koch-bücher kaufen, sollten Sie eher denen zuneigen, die in dem Land, in dem Sie leben, entstanden sind. Bei Lizenzen aus England oder Amerika erlebt man manch-mal ein paar seltsame Überraschungen, die so ein bisschen in die Minzsaucen- und Plumpudding-Richtung gehen und die bei Nichtbriten sofortigen Herzstillstand auszulösen imstande sind. Oder auch Darmverschluss.

Einen großen Holztisch und eine Menge bequemer Korbsessel dazu, ein paar Kerzen-leuchter und ein Dutzend Espressotassen – viel mehr braucht man nicht zum Glücklichsein.

&❧ Bedenken Sie immer, dass im Grunde auch ein biss-chen Brot und Wein und Käse reicht, um gute Freunde glücklich zu machen, die spontan bei Ihnen hereinschneien. Auch mit *Pastasciutta* kann man sich wunderbare Nächte um die Ohren schlagen. Vor allem, wenn man noch ein Gläschen *Pesto* und ein wenig *Pecorino* im Kühlschrank findet oder etwas *Parmaschinken*. Mit einem großen Topf Spaghetti lässt sich auch um Mitternacht noch ein fabel-haftes Gelage organisieren – die spontanen Feste sind ohnehin die besten.

&❧ Überlegen Sie sich, bevor Sie eine Sitzlandschaft kaufen, einen Fernsehsessel oder eine Schrankwand, *ob sie stattdessen nicht lieber einen großen Holztisch erstehen und eine Menge bequemer Korbsessel dazu, ein paar Kerzenleuchter und ein Dutzend Espressotassen. Viel mehr braucht man nämlich nicht zum Glücklichsein.* Ein bisschen Neugier noch und etwas Übermut.

❧ Putzen Sie nicht tagelang, wenn Gäste ins Haus stehen, denn das trübt die Vorfreude doch sehr. Die Kunst, die eigene Bleibe stets in einem aufgeräumten Zustand zu halten, erfordert zwar einiges an Disziplin, aber sie erlaubt ganz spontane Einladungen.

❧ Versuchen Sie nicht, die schwierige Kunst des Serviettenfaltens zu erlernen. „Bischofsmützen" und andere Origamispielereien braucht niemand wirklich. Vergessen Sie überhaupt alles, worauf man leichten Herzens verzichten kann. Und wenn etwas schief geht und die Pizza ein bisschen braun geworden ist, weil Sie sie über Ihren Gesprächen ganz einfach vergessen haben, dann ist das eher Anlass zu gutmütigen Frotzeleien und kein Grund zur Panik. Eigentlich macht es sogar mehr Spaß, wenn etwas nicht so ganz klappt. Perfekt sein kann jeder. Aber ein Käsesoufflé so kunstvoll zusammenfallen zu lassen, dass es noch höchst raffiniert schmeckt, das ist gar nicht so leicht. Notfalls geben Sie dem Gericht einen neuen Namen und bezeichnen Ihre Havarien als altes Familienrezept.

3

Das
Geheimnis
der blitzenden Augen.

Was uns
für andere
so anziehend
macht

„Alles hat seine Tiefen.
Wer Augen hat,
der sieht alles in allem.“

GEORG CHRISTOPH LICHTENBERG

❤

Als meine Cousine Lotta Mecksiever
ihren ersten Roman schrieb, fand sie wohl mit Müh und Not
einen Verleger, doch in den ersten zwei Jahren wurden von
ihren „Glückssachen" ganze vierundsiebzig Stück verkauft –
das ist in etwa die Anzahl der Verwandten und Freunde,
über die Lotta verfügte …
Ich besuchte sie damals in Berlin und ich erinnere mich
noch, dass wir stundenlang im Café Kranzler saßen
und angestrengt überlegten, was sich tun ließ. Als ich unvor-
sichtigerweise etwas von einem „Hungertuch" erwähnte,
brach meine Cousine in Tränen aus und gestand, dass sie
gerade ihre letzten zwanzig Mark ausgegeben hatte.
Da war guter Rat teuer. Doch schließlich hatten wir
eine Idee: Wir entwarfen eine Anzeige, die wir dann auch
tatsächlich an die *Zeit* schickten:

❤

*Schriftstellerin, 24 J., 1,74 m, 58 kg, blond und in jeder Hinsicht
blauäugig, leicht weltfremd also, Millionärstochter,
sucht den Mann, der dem Helden des Romans „Glückssachen"
gleicht. Ernst (und von mir aus auch weniger ernst)
gemeinte Zuschriften an Chiffre etc. etc. pp.*

❤

Die Auflage war binnen weniger Tage vergriffen
und inzwischen sind von Lottas „Glückssachen" weltweit
über dreihunderttausend Stück verkauft.
Lotta heiratete übrigens ein paar Jahre später den
schwedischen Zeitungsverleger Blomqvist, den diese
Geschichte mächtig amüsierte, als er in unserem Börsenblatt
darüber las. Eine Frau, der solche Sachen einfallen, sagte er,
müsse er unbedingt kennen lernen.

❤

Kapitel 1 erzählt die wunderbare Geschichte von den langen Löffeln und macht deutlich, warum das Prinzip Solidarität so wichtig ist.

Von einer seiner Seereisen brachte mein Großvater eine Geschichte mit, die wie ein Leitstern den Kurs seines Lebens bestimmen sollte. Wir nannten sie die Geschichte von den langen Löffeln und als Kinder wurden wir nie müde, sie immer und immer wieder anzuhören – auch wenn sie der allgemein üblichen Zutaten entbehrte, die man aus (angeblich) kindgerechten Vorlesebüchern gewöhnt ist. Sie gehört zu den großen, aus der Tradition der Sufis stammenden Weisheitsgeschichten.

„Ein Weiser bat den Schöpfer der Welt um die Gunst, noch zu seinen Lebzeiten einmal einen Blick in den Himmel und die Hölle tun zu dürfen, was ihm an allerhöchster Stelle auch gern gewährt wurde. So besuchte der alte Mann die Hölle und studierte die dortigen Verhältnisse sehr genau. Es schien ihm eigentlich alles sehr zivilisiert zuzugehen, doch fiel ihm auf, dass die Insassen abgehärmt und hohlwangig ihrer Wege gingen, obwohl die Tische, an denen sie aßen, überreichlich mit den allerfeinsten Dingen gedeckt waren. Des Rätsels Lösung war: Sie kamen nicht heran. Denn zum Essen stand einem jeden von ihnen nur ein riesiger Löffel mit einem langen Griff zur Verfügung, mit dem er die Speisen zwar aufnehmen, nicht jedoch zum Mund führen konnte. Das war die Strafe, die der Weltenschöpfer sich für jene Neunmalklugen ausgedacht hatte, die der Auffassung waren, sie seien die wichtigste Person in ihrem Leben.

101

Das leuchtete dem Weisen ein. Wie staunte er jedoch, als er im Himmel die gleichen langen Löffel gewahrte. Auch hier gab es nichts anderes zum Essen als eben dieses unpraktische Besteck, das in der Hölle als Foltergerät galt. Im Himmel jedoch waren die Seligen wohlgenährt und von heiterer Seelenruhe, was den Weisen eine Zeit lang sehr verwirrte – bis das Essen aufgetragen wurde: riesige, dampfende Schüsseln voll irdischer und himmlischer Genüsse. Was unser Weiser dann sah, gab selbst ihm noch zu denken (obwohl Weise wirklich sehr viel denken und meist auch alles gründlich zu Ende). Erstaunt beobachtete er, wie sich die Himmelsbewohner mit ihren langen Löffeln – gegenseitig fütterten. Und er fand, dass es höchste Zeit sei, die Lebenden auf diesen einen bedeutsamen Unterschied zwischen Himmel und Hölle hinzuweisen. Er verabschiedete sich und eilte schnellen Schrittes in seine Heimat zurück.

Das lebensfeindliche Prinzip des Egoismus, das die Bedürfnisproduzenten dieser Welt – aus höchst eigennützigen Motiven heraus – zu etablieren versuchen, ist zum Scheitern verurteilt. Denn unser Gefühl (nennt es auch unser Gewissen) sagt uns, dass sinnvolles Leben nicht in der Erfüllung mehr oder weniger primitiver Triebe bestehen kann. Das hat sich sogar schon bei unseren nächsten Verwandten im Tierreich, den Menschenaffen, herumgesprochen: Wusstet ihr, dass sie sich um verwaiste oder auch behinderte Jungen mindestens so liebevoll kümmern wie um die eigenen und gesunden? Und dass sie gelegentlich sogar ihrem eigenen Nachwuchs eine schallern, wenn der ein anderes, benachteiligtes Affenkind ärgert? Das gibt doch zu denken! Und es gibt auch zu Hoffnung Anlass.

Dass die höher entwickelten Primaten zu sozial intelligentem Verhalten neigen und eine höchst aufschlussreiche *Ohrfeigenpädagogik* entwickelt haben, legt den Schluss nahe, dass es in der Affenschule zuweilen menschlicher zugeht als bei ihren Cousins."¶

Darwin habe aber doch die Sache mit dem "*Survival of the fittest*" aufgebracht und das sei doch im Grunde Egoismus pur, wandten wir ein, als wir von diesen Dingen erstmals erfuhren. "Das stimmt schon", erklärte uns Jens-Christian dazu. "Der Egoismus ist eine biologische Notwendigkeit. Er ist Teil des Selbsterhaltungstriebs, doch er konkurriert nur scheinbar mit dem Prinzip des Altruismus. Es hat nicht sehr viel Sinn, einem Löwen, der dir gerade ans Leder will, mit Nächstenliebe zu begegnen, das ist meines Wissens nur dem heiligen Hieronymus gelungen. Und es spricht nicht viel dafür, dass diese Geschichte auf Tatsachen beruht, hier war wohl eher der Wunsch der Vater des Gedankens. Wenn Gefahr droht, ist Toleranz jedenfalls tödlich. Dann, *aber eben nur dann* gilt die gute alte Gangsterweisheit, die angeblich Al Capone aufgebracht hat: ,Mit einem guten Wort und mit einer Pistole in der Hand kommt man weiter als mit einem guten Wort allein.' Daran ist (leider) etwas Wahres."¶

Das Prinzip Solidarität hat sich als lebenstüchtiger erwiesen als die Idee des Egoismus.

"Bei allem Altruismus sollten wir die Kunst, Watschen auszuteilen, nicht ganz verlernen", das fand auch Sophie-Louise. "Eine wohl platzierte Ohrfeige wirke zuweilen Wunder. Vor allem Politikern gegenüber wäre diese Watschentechnik angemessen gewesen, eine schöne Wahlniederlage dann und wann hätte das Schlimmste vermeiden können", fand Sophie-Louise, die auf jede Art von Machtmenschen in schwarzen Limousinen so gut zu sprechen war wie auf die Blattläuse an ihren Rosen.

Wenn einen wieder einmal die pure Verzweiflung über den Zustand dieser Welt und die Zahl der darin enthaltenen Läuse anfallen sollte, denke man immer daran, dass das *Prinzip Solidarität sich als lebenstüchtiger erwiesen hat als die Idee des Egoismus.*

Denn diese „Ich-will-alles-und-zwar-sofort-Ideologie" funktioniert nur so lange, wie unser Wirtschaftssystem floriert: In unseren Dienstleistungsgesellschaften könne sich zwar jeder jede x-beliebige Dienstleistung erkaufen, so er das nötige Kleingeld dafür habe, „aber wehe, wehe, wenn ich auf das Ende sehe. Die Geschichte hat nämlich die Eigenschaft, dass sie selten geradlinig verläuft. Das Ende der Maßlosigkeit ist jedenfalls – dem Himmel sei Dank – in Sicht und ich schätze mal, dass dann so mancher umdenken muss", sagte mir Ole Hansen unlängst. Er ist da sehr optimistisch, was die Zukunft betrifft, obwohl praktisch alles dagegen spricht.

„Zur Zeit braucht niemand den anderen. Das ist eine Tatsache. In manchen – im wahrsten Wortsinne – *gottverlassenen* Gegenden unserer angeblich so zivilisierten Welt kann man vierundzwanzig Stunden am Tag einkaufen und sich darauf verlassen, die Wahl zwischen mindestens zwei Dutzend verschiedener Joghurt- und fast ebenso vieler Senfsorten zu haben. Gegen den Artenreichtum in unseren großartigen Einkaufszentren ist der Artenreichtum der tropischen Regenwälder inzwischen ein Dreck!", diagnostizierte Jan-Willem van Köping zuweilen. „Und wenn mich nicht alles täuscht, steht das eine mit dem anderen in ursächlichem Zusammenhang", folgerte er, und wer genau hinsieht, wird auch diese Beobachtung bestätigt finden.

105

„Auch Freundlichkeit, die früher ganz umsonst zu haben war", fand Jan-Willem, „haben die Profitmaximierer zur Ware gemacht. Wenn in amerikanischen Supermärkten ein paar arme Lohnsklaven unsere Einkäufe in die berühmten braunen Papiertüten packen, zählt das zum Service. Doch niemand, der noch alle fünf Sinne beisammen hat, lässt sich darüber hinwegtäuschen, dass professionelle Freundlichkeit in etwa so natürlich ist wie ein Gesicht nach dem fünfundzwanzigsten Facelifting. („Das charmante Grübchen an Ihrem Kinn, g'nä Frau, ist eigentlich Ihr Bauchnabel.")❡

Stellen Sie sich einmal vor, Sie verbringen ein paar höchst angenehme Stunden in Begleitung einer Flasche Chateâu-Neuf-du-Pape in einem dieser Nobelrestaurants, in dem sich bis zu fünfzehn befrackte Kellner mit professionell blasierter Miene an den Wänden herumdrücken. Hier

Wenn es nach den Profitmaximierern geht, gibt es sehr bald jede Form von Zuwendung nur noch gegen bare Münze.

serviert man Schwertfisch an Schokoladensauce (beispielsweise), während einem einer dieser Pinguine das Jackett abbürstet. In der Welt des schönen (Geld-) Scheins wird man, solange man über das entsprechende Kleingeld verfügt, so behandelt, als gehöre man zur Familie. Aber wehe Sie

stellen einmal fest, dass Sie Ihr Geld vergessen haben – da ist man dann plötzlich gar nicht mehr nett, darauf können Sie Gift nehmen. Meinem Onkel Jan-Willem ist das einmal passiert, als er in den Staaten war: Er verbrachte eine Nacht als Zechpreller im Knast, nachdem man ihn sämtlicher Barschaften beraubt hatte. Einmal ganz und gar ohne Geld dazustehen, behauptete er, sei eine Erfahrung, die man sich auf keinen Fall entgehen lassen sollte.❡

Unser System funktioniert nach dem Prinzip: „Ohne-Knete-keine-Fete". Das ist niemandem neu.❡

Vier Millionen Jahre lang (abzüglich der paar Jährchen seit Beginn unserer Geschichtsschreibung) haben die Menschen nur deswegen eine Chance gehabt, weil sie erkannten, dass sich niemand selbst am eigenen Schopf aus dem Sumpf ziehen kann, sondern die Hilfe aller anderen braucht. *Vier Millionen Jahre lang war der Altruismus das Erfolgsprinzip der Menschheit schlechthin.* ❡

Gute Freunde sind wichtiger als die Pillen, die der Forever-young-Unsterblichkeitstrend uns verkauft.

Vernünftige Zeitgenossen ahnen ohnehin längst, dass jene aus Ignoranz und Gleichgültigkeit gepaarte *Coolness* uns ebenso gut tut wie ein Daueraufenthalt am Nordpol. Wir sind für dieses Klima da oben ganz einfach nicht geschaffen und unsere Seelen holen sich dabei regelmäßig einen Schnupfen, weil uns die Wärme menschlichen Miteinanders fehlt. Die Kälte macht uns auch körperlich krank, denn sie hebelt ganz einfach unser Immunsystem aus. Da helfen dann auch keine Vitamine mehr. Gute Freunde sind wichtiger als jene bunten Pillen, die dieser *Forever-young-Unsterblichkeitstrend* uns gerade mit Erfolg verkauft. ❡

Kapitel 2 illustriert diese Zusammenhänge an einem Beispiel.

Wir sind so daran gewöhnt, dass wir jedes Alltagsproblem mit Hilfe der Gelben Seiten und eines Handys lösen können, dass uns der Gedanke, es könne auch einmal anders kommen, nicht einmal *streift.* ❡

In dieser wohl organisierten, vom Rubel regierten, besten aller Welten geht es uns so gut wie nie. Aber die Seele bleibt dabei bekanntlich auf der Strecke. Denn eigentlich

107

wird uns alles zu leicht gemacht. *Was wir eigentlich können, realisieren wir erst dann, wenn's schwierig wird,* erst dann leben wir wirklich – wenn der Wind von vorne kommt.

Auch das hat die Natur damals ganz schlau eingefädelt. Sie beglückt uns mit ihren Endorphinen nur dann, wenn wir uns Herausforderungen stellen. Und wenn wir anderen, vielleicht weniger Begabten, dabei helfen, sich ebenso wenig wie wir unterkriegen zu lassen. „Glück hat auf die Dauer nur der Tüchtige", dieses uralte Lebensmotto bekommt eine völlig neue Bedeutung, wenn man darüber nachdenkt, wie die Dinge wirklich zusammenhängen, denn das Zitat hat nichts mit einem möglicherweise zweifelhaften Arbeitsethos zu tun.

Die Betonung liegt auf Glück: Wir empfinden es nur wirklich, wenn wir es uns ehrlich verdienen. Die Glücksgefühle, die uns eine *fun-orientierte* Gesellschaft zu bieten imstande ist, sind nur Placebos – auch das ist niemandem neu. Neu ist an dieser Überlegung nur, dass es ein ganz einfaches Gegenmittel gibt: Es besteht erstens in einer *gewissen Verweigerungshaltung den allenthalben angebotenen Glückssurrogaten gegenüber,* zweitens in der *Kunst, sich das Leben ein bisschen schwerer zu machen* und drittens in dem *Vergnügen, all diese Dinge mit anderen gemeinsam zu unternehmen.*

Als ich in Heidelberg studierte, schleppte mich eine Freundin zu der Fete einer Stahlerbin. Ich erinnere mich noch, dass der zweifellos hervorragende Wein auf dieser denk- und merkwürdigen Handschuhsheimer Party so staubtrocken war wie die Gastgeberin selbst und die Stimmung in etwa mit der vergleichbar, die schätzungsweise im Wartezimmer eines Urologen aufkommt. Ich machte mich so schnell wie möglich dünne und floh in meine Studentengemeinde, die damals noch in einem katakombenhaften Keller an der Heiliggeistkirche zu Hause war. Zu meiner Schande muss ich gestehen, dass ich als Wegzehrung eines der Lachsbrötchen mitnahm, die die Stahlerbin angeboten hatte, denn Lachs ist etwas, wofür ich eine ins Abseitige tendierende Vorliebe hege. Das Brötchen war einfach stärker als ich und ein bisschen schäme ich mich noch heute ob dieses Mundraubs. Aber da ich denke, dass das Fräulein XY die schon sehr Kalten Platten steuerlich abgesetzt hat, kann ich mit dieser Schuld leben. Sie hat übrigens kurze Zeit später das (zweifellos auch steuerlich geltend gemachte) Handtuch geworfen und ihr Studium gesteckt.¶

In meiner Gemeinde gab es an jenem Abend nur den berüchtigten *Halven Hahn*, den unser Kölner Studentenpfarrer für den Gipfel irdischen Glückes hielt: Nicht-Kölnern sei erklärt, dass es sich bei einem *Halven Hahn* keineswegs um ein lecker gebratenes Grillhähnchen handelt, sondern um ganz banale Käsebrötchen mit Senf, die man in Köln, wo bekanntlich der Karneval herkommt, verhüllend umgetauft hat.¶

Nun dürfen Sie trotzdem dreimal raten, wo ich mich wohler fühlte. Genau da, wo Sie auch lieber gewesen wären an diesem Abend – in unserer Katakombe natürlich.¶

Dazu gibt es noch ein nette Geschichte zu erzählen: Als unsere kleine Studentengemeinde im Sommersemester (neunzehnhundert-wann-war-das-jetzt?) plötzlich ohne Pfarrer dastand, waren wir ziemlich aufgeschmissen. Denn unser Pfarrer hatte, was bei katholischen Priestern relativ selten vorkommt, im Rahmen seiner Selbstverwirklichung geheiratet und sämtliche kirchlichen Verpflichtungen Knall auf Fall aufgegeben – ein Verhalten, das hier keineswegs kritisiert sei, das aber zum Verständnis des weiteren Ver-

laufs dieser Geschichte vonnöten ist. Wir waren also plötzlich ohne geistlichen Beistand und es half auch nicht viel,
dass unser in theologischer Hinsicht höchst bewanderter
Hausmeister es übernahm, Sonntag für Sonntag einen
anderen Gastpfarrer für uns zu organisieren. Wir standen
mit dem Rücken zur Wand, und wenn wir nicht wollten,
dass sich die kleine Schar rechtgläubiger Katholiken in der
feindlichen Diaspora zerstreute, mussten wir uns etwas
einfallen lassen. (Als Protestantin, die ich eigentlich bin,
ging ich bei den Katholiken natürlich fremd, aber das hatte
Gründe, auf die ich hier nicht näher eingehen will. Sie können Sie sich wahrscheinlich ohnehin denken …)❡

Jedenfalls kamen wir in diesem Frühjahr auf eine großar-
tige Idee, die denn auch in die Annalen der Gemeinde eingehen sollte. Wir nahmen in einem Handstreich die große
Versuchsküche im Haus der Bildung in Beschlag (anders
kann man diese Form von Okkupation kaum nennen) und
köchelten dort jeden Sonntag für hundert bis hundertfünf-
zig Studenten ein Vier-Gänge-Menü zusammen, das in
puncto Qualität den getrüffelten Pasteten meiner Kommili-
tonin in nichts nachstand – im Gegenteil, denn wir kochten
mit Liebe und Phantasie und roten Backen. So hielten wir
die Gemeinde nicht nur zusammen, wir erlangten überdies
eine gewisse Berühmtheit, denn wir verstanden es – im
Unterschied zu den Mensaköchen – nicht nur mit einem
begrenzten Etat, sondern auch mit marktfrischen Gemüsen
umzugehen und mit Gewürzen. Auch gab es bei uns zum
Dessert keinen Himbeerjoghurt, dessen Verfallsdatum
noch vor der Kuba-Krise abgelaufen war. Nein, wir servier-
ten unseren Mitstudenten die flaumigsten Mehlspeisen der
Welt, Mehlspeisen, wie es sie sonst nur in Salzburg, Wien,
Linz und – in Christianssiel natürlich – gibt.❡

Ich hatte in diesem denkwürdigen Sommersemester übrigens so viele Verehrer wie nie zuvor und ich bin noch nie etwas anderes als nur mittelmäßig hübsch gewesen. Allerdings flogen sie wohl eher auf meine aberwitzig guten Marillenknödel als auf mich, doch deren Glanz strahlte auch auf meine Person ab. Jedenfalls gewöhnten sich die Kerle damals an, die weiblichen Mitglieder der Küchencrew mit Handküssen und tiefen Blicken zu verabschieden.

So viel zu der überaus nützlichen Kunst, zaubern zu können, und zu dem, was Kreativität bewirkt. Wer die Kunst beherrscht, aus nichts etwas zu machen – denn darauf kommt's eigentlich an, der ist nie lange allein, denn er hat unverzüglich jede Menge Zeitgenossen im Schlepptau, die von dem Blitzen in seinen Augen angezogen werden.

„Schönheit ist nicht halb so wichtig", fand Sophie-Louise. „Was die anderen aus der Reserve holt, ist das gewisse Etwas in eurem Blick, das sich immer dann einstellt, wenn man mit Lust und Liebe an eine Sache herangeht. Dieses Blitzen in den Augen, das dir kein Neurologe und schon gar kein Ophtalmologe erklären kann, *weil sich niemand die Frage danach stellt*, dieses Blitzen hat Mutter Natur erfunden, damit die Feuerköpfe sich untereinander erkennen und zusammentun."

Dieses Blitzen in den Augen hat Mutter Natur erfunden, damit die Feuerköpfe sich untereinander erkennen und zusammentun.

Die Anthropologen haben unlängst herausgefunden, dass es in allen Kulturen so etwas wie einen „Augengruß" gibt, mit dem zwei Menschen einander begegnen: In diesem „Augenblick", in dem sich die Pupillen weiten und die Lider öffnen, „leuchtet" etwas auf, was dem anderen Freude, Vergnügen, Lust, Interesse, Neugier signalisiert, und dieser Gruß ist genau das, was die allererste Verbindung zwischen Menschen schafft, die sich vielleicht noch nie in ihrem Leben gesehen haben.

Das Gute an diesem Phänomen ist: Kreative Menschen haben vielleicht größere Chancen, ihren Seelenverwandten zu finden, als nur gut aussehende, denn *wirklich anziehend macht uns nur dieses Blitzen in den Augen – selbst dann noch, wenn wir nicht mehr jung sind.* Das erklärt auch, warum so manche Sechzigjährige weitaus interessanter wirkt als eine eigentlich bildhübsche Sechzehnjährige, die aber leider an nichts anderem als an dem Zustand ihrer Fingernägel interessiert ist.

Kreative Leute bleiben im Kopf und im Herzen immer jung und meistens sehen sie auch äußerlich zehn, fünfzehn Jahre jünger aus, als tatsächlich in ihrem Pass steht.

Es gibt tausend Möglichkeiten, an jene fabelhaften Endorphine zu kommen, die uns jung halten und gesund. Und Sophie-Louise Brahm wusste darüber so viel zu berichten, dass sich allein schon aus ihren Nähkästchenplaudereien zu diesem Thema ein Buch machen ließe.

„Zweifellos liegt in diesem *gewissen Etwas* auch die wissenschaftliche Erklärung dafür, dass Liebe wirklich durch den Magen geht: Ein Koch oder eine Köchin, die die Knödel eben nicht aus irgendeinem Knödelersatzprodukt herstellt, sondern sich der Mühe unterzieht, alles, was dazugehört, selbst zu machen, hat eben dieses gewisse Etwas, das keiner genau definieren kann. Es muss ein ganz raffinierter Cocktail sein, der jenes Feuerwerk in unseren Köpfen auslöst und der sich in den Augen, dem Spiegel unserer Seele, offenbart. Die Augen haben – wie die Nase auch – eine direkte Verbindung ins Gefühls-

Kreativität ist das Geheimnis. Sie ist das, was uns zum Leuchten bringt.

zentrum unseres Nervensystems, und was sich in unseren Köpfen tut, lässt sich – das ist eine uralte Beobachtungstatsache – in unseren Augen ablesen. Wir *fühlen*, wie es dem anderen geht, und sehen, wenn der viel zitierte Schalk in seinen Augen aufblitzt. Aber seltsamerweise untersucht diesen Zusammenhang niemand und der Schalk ist, soweit ich weiß, wissenschaftlich auch nicht erklärt worden. Dabei ist der Übermut genau das, was uns für andere so anziehend macht: die Lust am Leben und das Vertrauen darauf, dass man in allen Lebenssituationen schon eine Lösung finden wird. Das ist es: *Kreativität ist das Geheimnis. Sie ist das, was uns zum Leuchten bringt.*"❡

Kapitel 3 handelt von mindestens sechs wenig empfehlenswerten Methoden, mit denen sich der Mann resp. die Frau fürs Leben aufspüren lässt, und von nur zwei wirklich guten, die jedoch unfehlbar wirken.

„Wer auf die Dauer Glück in der Liebe haben will", riet Sophie-Louise, wenn wir wieder einmal Liebeskummer hatten und die rote Blechbüchse zum Einsatz kam, „der sollte sich überdies ein wenig mit dem auseinander setzen, was Mutter Natur sich dachte, als sie die Liebe erfand, damals im Mai vor so vielen, vielen Jahren. Es reicht schon, wenn ihr nur ab und zu darüber nachdenkt – dann fällt es euch wie Schuppen von den Augen. Nur wer versteht, was da abläuft, hat die Chance, glücklich zu werden. Ansonsten wird er stets gegen die Windmühlen seiner Phantasien ankämpfen. Und er wird versuchen, da die Freunde fürs Leben zu finden, wo sie partout nicht anzutreffen sind. *Wollt ihr gescheite Leute treffen, dann müsst ihr schon versuchen, sie in ihren Biotopen aufzustöbern.* Vergesst zunächst einmal sämtliche klugen Ratschläge, die euch nahe legen, dem Mann eurer Träume im *Waschsalon (ausgerechnet!)* aufzulauern oder im Supermarkt und ihn dann auch noch *anzusprechen* nach dem ‚Wissen-Sie-welchen-Wein-man-trinken-kann?'-Muster. Das ist der größte Fehler, den ihr machen könnt. Männer, richtige Männer jedenfalls, kommen mit vielem klar, nur mit einem nicht: Sie nehmen es sehr übel auf, wenn eine Frau *ihnen* Avancen macht. Schöne Augen machen, dagegen ist nichts einzuwenden, aber ihr dürft ihn nie, nie, nie zuerst ansprechen oder gar verfolgen, Mädels. *Das ist die Grundregel Nummer 1*, die ihr euch hinter die Ohren schreiben solltet. Sonst habt ihr auf immer und ewig Pech in der Liebe. Macht *nie* den ersten Schritt, ruft ihn *nie* auch mit dem plausibelsten Vorwand an."❡

> *Wollt ihr gescheite Leute treffen, dann müsst ihr versuchen, sie in ihren Biotopen aufzustöbern.*

Emanzipiert, wie wir waren, sträubte sich alles in uns gegen diese höchst seltsame Anweisung, doch mit der Zeit kamen wir darauf, dass vielleicht mehr daran ist, als wir wahrhaben wollten. Denn dahinter stecken uralte Verhaltensmuster, die wir nicht einfach so durchbrechen können. Das heißt wir *können* schon, aber die Folgen müssen wir dann selbst ausbaden.❡

Es gibt einschlägige Literatur zum Thema Liebe, bei der das ohnehin schon hässliche *„einschlägig"* eine ziemlich wörtliche Bedeutung erlangt. In einigen besonders einschlägigen Teilen wird unter anderem doch tatsächlich empfohlen, mit Fleiß Vernissagen zu besuchen. Das sei auch sehr *kostengünstig*, weil es da meistens etwas zu essen und zu trinken gäbe.❡

„Mich wundert immer wieder", sagte Sophie-Louise, wenn sie das eine oder andere Lebenshilfebuch auf unserem Nachtkasten vorfand, „mit welchem Bierernst doch der größte Unsinn verzapft wird. Da sollen wir uns verkleiden, weil Männer doch Augenmenschen sind, und uns im Minirock in Discos stürzen, obwohl wir sonst nur romantische Flatterkleider tragen. Oder wir sollen auf irgendwelchen Vernissagen auftreten, wo nur in feine schwarze Stöffchen gewandete Kerls herumlaufen, die über ihrem Chardonnay etwas über die ‚formidable Expressivität' dieses oder jenes Kunstwerks dahernäseln, dabei aber den Busen meinen, der gerade hereingeschoben wird! Ach, Kinder, vergesst am besten allen Schmäh, den man euch über diese Dinge erzählt hat, und gebt euch einfach so, wie ihr wirklich seid."❡

Mit Schmäh meinte Sophie-Louise *Singletreffs* zum Beispiel, in denen man bis zur Unkenntlichkeit aufgebrezelt Aufstellung nimmt und der Dinge harrt, die da kommen sollen – was jedem, der zwischen den Ohren noch etwas anderes hat als das oben zitierte Gummiband, gewisse Schwierigkeiten bereitet. „Wenn ihr falsche Signale aussendet", erklärte sie uns ganz unverblümt, „müsst ihr euch nicht wundern, wenn sich zwar was fürs Bette findet, nicht aber fürs Herz. Vor allem nicht für die Dauer."❡

Angeblich findet man in Fitness-, Sport- und anderen Clubs jede Menge Singles, die nur darauf brennen, ihr Solistendasein zu beenden.❡

Auch in Tanzschulen, auf Messen, Flohmärkten, Tauschbörsen und auf Auktionen sollte stets etwas Passendes zu finden sein. Auktionen, steht in derlei Ratgebern, sind vor allem deswegen so empfehlenswert, weil dort gut betuchte Zeitgenossen anzutreffen sind, auch so viele Adlige, und dann auch noch Adlige, die zu einer Altersgruppe gehören, die so aussieht, als würde sie demnächst ganz gern die Rolle des Erblassers übernehmen. Allerdings muss man bei derlei Veranstaltungen aufpassen, dass man a) nicht zufällig einen Zuschlag bekommt und dass man b) wenigstens eine antike Glasvase von einer Flasche *San Pellegrino* unterscheiden kann. Das steht alles in solchen Ratgebern, na ja, vielleicht nicht ganz so, aber doch *fast.*

Geradezu klassisch sei auch der Supermarkt, hier genüge ein Blick in den Einkaufswagen, um festzustellen, ob der andere ein Single ist oder nicht: Wenn morgens *vier* Brötchen im Korb liegen und ein Gläschen *Mövenpick-Orangen*marmelade, ein Liter *Hohes C* und ein Paket Parmaschinken ist er *kein* Single. Bei zwei Brötchen, einer Tüte Honigpops, einem kalorienreduzierten Joghurt und einem No-Name-O-Saft kann man jedoch davon ausgehen, dass er es *ist.* Doch auch wenn die Parmaschinken-Version zutrifft, soll man den entsprechenden Kandidaten ruhig noch im Auge behalten, denn möglicherweise ist er bald wieder auf dem Markt. Man merkt es daran, dass er plötzlich nicht mehr mit dieser Feinkostmiene herumläuft und wieder Tütensüppchen, Kartoffelchips und Fernsehzeitungen kauft und dass er länger als unbedingt nötig bei den Sonderangeboten stehen bleibt. Dann, so steht in diesen Ratgebern, hätte man wieder die Chance zuzuschlagen.

Auch Weiterbildungskurse seien empfehlenswert, und wenn alles nichts helfe, könne man ja irgendwo freiwillige *karitative Arbeit* leisten – na bravo! Da werden sich die Leute, denen es wirklich um die Sache geht, über die Art von Verstärkung ja sehr freuen. Am besten, Sie vergessen all diese guten Ratschläge so schnell wie möglich.

Denn darauf liegt „kein Segen nich", wie Krischan Brahm diagnostizierte. Sie gehen nämlich erstens im Grunde *gegen unser Gefühl* und zweitens widersprechen sie unserem *Grundbedürfnis nach Romantik*, wie er es nannte. Das haben nämlich alle, Frauen in noch stärkerem Maße als Männer, aber auch die Herren der Schöpfung suchen *im Grunde nach der großen schicksalhaften Begegnung*. Sie geben es nur nicht zu. In Hollywood und anderswo weiß man um diese Zusammenhänge und Tausende von Romanautoren auf diesem Globus wissen es auch: Sie denken sich Szenarien aus, in denen zwei Menschen gegen sämtliche Widerstände und den Rest der Welt zusammenhalten. Das ist Romantik. Wir sind auf der Suche nach dem Außerordentlichen. Wir wollen, dass der andere um uns kämpft. Wir wollen wirklich den Ritter, der uns befreit, der uns aus dem Elfenbeinturm unserer *splendid isolation* erlöst. Wir wollen den Mann, der sich um uns bemüht, der sich verdammt noch mal ein Bein ausreißt, um uns zu kriegen.❡

Wir alle haben ein Grundbedürfnis nach Romantik und suchen nach der großen schicksalhaften Begegnung.

Auch das hat Mutter Natur so einzurichten gewusst: Ein Kerl, der die Regenrinne hochklettert oder das Rosenspalier, ist wahrscheinlich auch einer, der, wenn's brenzlig wird, weiß, wie man einen Feuerlöscher bedient, will sagen: Eine richtige Frau will einen richtigen Mann (so, wie ein richtiger Mann eine richtige Frau will), denn das erhöht die Überlebenschancen der Kinder, die sie miteinander haben.❡

Jan-Willem van Köping nannte diesen eigentlich ernüchternden Zusammenhang das *Hirschkuh-Prinzip*. Unsere spontane Reaktion, als wir zum ersten Mal davon hörten war: „Na, danke bestens", aber wenn man darüber nach-

denkt, ist doch einiges dran: Bei einem Hirsch ist ein schö-
nes Geweih nur Schmuck, denn als Waffe ist es nicht so
recht tauglich. Aber es ist für eine gescheite Hirschkuh ein
Hinweis darauf, dass eben dieser Hirsch über ein Revier
verfügt, das nicht nur ihn selbst ganz offensichtlich gut
ernährt, sondern wahrscheinlich auch ihr selbst und ihrem
Nachwuchs gute Chancen bietet. Das heißt mit andern
Worten: Je größer das Geweih, desto Platzhirsch.

Die Männer wollen *uns* gewinnen und es reizt sie umso
mehr, je schwieriger es ist. Eine Frau, die sich ihnen anbie-
tet, reizt ihre *Neu-Gier* nicht, jedenfalls nicht auf die Dauer.
Und das ist auch der eigentliche Grund dafür, dass sich
Frauen niemals um einen Mann bemühen sollten, sie dürfen ihn nie einladen, dürfen nie, nie, nie im Restaurant die
Zeche zahlen (denn damit verstoßen sie gegen eines der
ältesten Rituale der Werbung) – sie haben, sehen wir den
Tatsachen ins Auge, eigentlich gar nicht viele Möglichkeiten, außer gelassen abzuwarten und Tee zu trinken und –
das ist äußerst wichtig – für eine Weile die Spröde zu
spielen.

Natürlich haben die Frauen im Laufe der Evolution
höchst raffinierte Techniken entwickelt, selbst die Initiative
zu ergreifen, da es bei den Herren der Schöpfung in Sachen
Entschlussfreudigkeit schon mal hapert. Manchmal haben
sie es auch auf den Augen (da Männer bekanntlich vor
allem im Nahbereich nicht gut sehen) und da hat man dann
ziemlich schlechte Karten.

Aller Emanzipation zum Trotz: Wir wollen *gewonnen*
werden. Wir wollen „Männer und keine Ersatzteile", wir
wollen richtige Kerls und keine Softies, wir wollen Feuerköpfe und keine Weicheier, wir wollen originelle, witzige
Jungs, die sich ihren Heiratsantrag auf ihr T-Shirt drucken

lassen: „Willst du mich heiraten, Sophie?", steht da eines Morgens auf ihrer breiten Brust und damit erscheinen sie zum Frühstück und tun so, als wäre nichts. So jedenfalls hat ein Cousin von mir seine Angebetete umworben und sie hat doch tatsächlich ja gesagt – denn *das* ist romantisch: *Kreativität ist genau die Eigenschaft an einem Mann, die wir am meisten schätzen* und das ist auch der Grund dafür, dass bestimmte Männer (auch wenn sie aussehen wie Tom Cruise persönlich) neben solchen Feuerköpfen ziemlich schlechte Karten haben. Deswegen kommen sie auch zu nichts, denn keine Frau steht auf laue Gefühle. *We like it hot*, denn wir wissen aus Erfahrung: Was lau ist, wird schneller kalt.

Wir brauchen Romantik, das ist eine der Grund-tatsachen dieses Lebens. Und deswegen sind Heirats-institute und Kontaktanzeigen ziemlich unbeliebt, obwohl sie eigentlich gar nicht so ohne sein dürften. Zumindest stellen sie doch eine höchst rationelle, kostengünstige und zeitsparende Lösung für sämtliche *Herzensdinge* in Aus-sicht. Und man sollte sie auch keinesfalls außer Acht lassen.

Aber sie sind eben leider in etwa so romantisch wie eine Zahnwurzelbehandlung und somit entsprechend begehrt. Was lehrt uns das?

Glück in der Liebe haben wir auf die Dauer nur, wenn wir unserem ganz natürlichen Bedürfnis nach Romantik eine echte Chance geben. Und wie macht man das?

Jedenfalls nicht, indem wir uns eine Gelfrisur zulegen, mit der wir so aussehen, als schwebte uns eine Karriere als Stachelschwein vor. Und auch eine neongrün-rot-gelb gefärbte Mähne wird kaum die gewünschten Resultate zeitigen, denn die finden die wenigstens Zeitgenossen wirklich cool. Und ich schätze, dass sich der Mensch, den wir *eigentlich* wollen, zweimal überlegen wird, ob er mit einer Frisur ausgeht, die eher von einer Klo- oder einer Wichsbürste inspiriert ist denn von dem, was ein paar hunderttausend Jahre als schön galt – weil wir nämlich alles, was auf körperliche und geistige Gesundheit hinweist, schön finden. So einfach ist das eigentlich. Deswegen darf man es Männern auch nicht übel nehmen, wenn sie sich ganz gern in die Betrachtung eines prächtigen Busens versenken oder eines wohlgerundeten Hinterteils. Das ist nicht primitiv, sondern sinnvoll. Denn wenn's anders wäre, gäbe es uns vielleicht gar nicht.❡

Glück in der Liebe haben wir auf die Dauer nur, wenn wir unserem ganz natürlichen Bedürfnis nach Romantik eine echte Chance geben.

Wir haben die Tendenz, uns immer wieder all die Dinge ausreden zu lassen, die die Menschheit schon seit Millionen von Jahren ganz einfach *weiß*, ohne dass sie dieses Wissen allerdings logisch irgendwo festmachen könnte. Wenn wir Schönheit beim anderen schätzen, liegt das nicht daran, dass wir oberflächlich sind oder blind für die viel zitierten inneren Werte – *Schönheit ist kein leerer Wahn*. Und jeder kann schön sein, wenn er weder sich selbst noch seine Gesundheit vernachlässigt und die Möglichkeiten, wirklich glücklich zu sein, auch nicht.❡

Verstehen wir uns recht: Mit Gesundheit meine ich nicht (nur) körperliche Fitness, die sämtliche Medien seit ein paar Jahren als das Gelbe vom Ei darstellen. Es wird gejoggt und geradelt und die Ernährung soll ja auch so einiges bewirken. Angeblich bleibt man *forever young*, wenn man die richtigen Pillen einwirft und seinen Leib mit Eiweißdrinks stärkt. Das mag wohl stimmen, aber vor lauter Eiweißdrinks wird den Leuten, die sich so etwas

ausdenken, nicht klar, dass hinter diesem Unsterblichkeits-
trend a) ein ziemlich lebensfeindlicher Narzissmus steckt
und dass b) bei dieser Art von Training und Ernährung
unser zentrales Nervensystem permanent zu kurz kommt.
Denn was für die Muskeln gut ist, Eiweiß nämlich, wirkt
auf unser Hirn wie ein Löffelchen Zucker in einem Auto-
tank.⁊

Dieser ganz *Low-Fat*-Schmäh macht uns untüchtig oder
sagen wir, mit dieser Form von Fehlernährung sind wir
nicht mehr zu den kreativen Leistungen fähig, die uns sonst
ganz leicht fielen. Wir hatten das Thema bereits: Frauen
ahnen das – und essen Schokolade, wenn auch immer noch
mit schlechtem Gewissen.⁊

Ewig jung halten nicht irgendwelche Vitaminpillen und
Antioxidantien, „ewig jung hält nur die Phantasie", fand
Schiller, und genau das ist es.⁊

Doch auf diese Zusammenhänge macht eigenartiger-
weise nie jemand aufmerksam, nur Bücherleser scheinen
darum zu wissen. Dem Fußvolk erklären die Leute, die es
eigentlich besser wissen müssten, dass es
zur Erhaltung geistiger Fitness völlig aus-
reiche, hin und wieder ein Kreuzworträt-
sel zu lösen. Worauf es wirklich ankommt
in diesem Leben, das geht den Gehirn- und
anderen Joggern an jenem Körperteil vorbei, das mit *A*
anfängt und mit *sch* aufhört und das Kreuzworträtsler mit
dem „norditalienischen Fluss mit zwei Buchstaben" fein
umschreiben ...⁊

„Ewig jung
hält nur die Phantasie."

Schiller

Ich will jetzt nicht schon wieder mit Jan-Willem van
Köpings eigenwilligem *Hirschkuh-Prinzip* kommen, aber bei
Licht besehen ist es doch so: Der schöne, gesunde, gepfleg-
te, weder unter- noch überernährte andere gefällt uns, der

die Dinge beherzt und mit jenem Blitzen in den Augen in Angriff nimmt, von dem hier schon so oft die Rede war. *Bad Grrrls*, die mit sechzehn bereits aussehen (und auch so riechen), als würden sie ihre Nächte im Hundezwinger des städtischen Tierheims verbringen, werden sich in ein paar Jahren schwer tun, einen Gefährten zu finden. Jetzt klappt das noch, denn sie sind jung, und da findet sich immer etwas für die Nacht. Aber wenn sie einmal anfangen, nicht mehr so ganz jung zu sein, werden sie es mit ihren verfilzten Haaren nicht leicht haben – nur wissen sie das jetzt noch nicht. Und keiner sagt ihnen, dass man mit Jeans, die den Verdacht erregen, man wäre damit in eine Klärgrube gefallen, *nicht* den Mann fürs Leben findet, obwohl sie den, wenn sie ehrlich sind, doch eigentlich suchen.

Keine Frau will einen Mann nur für ein paar Stunden, sie will *erlöst* werden wie Rapunzel, nur mit ihren Rasta-Locken hat sie da schlechte Karten. Eigentlich weiß sie, dass kein kluger Mann eine Frau will, die so aussieht, als könne sie sich gerade nicht daran erinnern, wo sie das Baby abgelegt hat. Denn so ist das nun mal mit den „evolutionären Vorteilen", den „egoistischen Genen" und dem *survival of the fittest.*

Dass die Rituale der Paarbindung so alt sind wie die Menschheit selbst, das heißt also *ziemlich* alt, macht sich kaum einer wirklich klar. Denn sonst würde er sich vielleicht überlegen, ob er wirklich in diesem Unisex-Ostasien-Einheitslook rumläuft, der zwar von bequemer Weite ist, für den man allerdings zuweilen einen Gentest braucht, um festzustellen, ob es sich bei ihren Insassen um Männlein oder Weiblein handelt. Das ist auch eine Art *XY ungelöst* – hat der andere nun XX-Chromosomen oder

XY? (Im letzteren Fall ist er ein Mann, zumindest theoretisch.)

Die Grammatik der Liebe und die unregelmäßigen Verben der Freundschaft, die uns früher so zufielen wie unsere Muttersprache, müssen wir wieder ganz neu lernen – heute, nachdem wir alles verlernt haben, was unsere Herzen einmal wussten.

Die aufklärerische Philosophie des achtzehnten Jahrhunderts mag ja vielleicht ihre Vorteile gehabt haben. Seither herrscht jedenfalls die Logik und der Pöbel und ohne diese Aufklärung hätten wir den Toaster nicht erfunden und den Taschenrechner und auf dem Mond wären wir sicher auch nicht gelandet. Und doch ist uns dabei so viel an uraltem Wissen verloren gegangen, dass wir mühsam die Reste dessen, was an Instinkten noch übrig geblieben ist, freilegen müssen.

Dennoch hatte die Aufklärung auch ihre guten Seiten, wenden Sie jetzt sicher ein. Die Emanzipation zum Beispiel wäre ohne sie nicht denkbar. Die Frauen sind ja immer unterdrückt worden.

Das stimmt nicht ganz. Die Frauen sind *seit Beginn der Geschichtsschreibung* unterdrückt worden und das ist im Vergleich zu den vier Millionen Jahren, seit es uns gibt, nicht viel. Und die ganze Zeit über sind Männer und Frauen sehr gut miteinander ausgekommen, sie waren absolut *gleichberechtigt* – das ist inzwischen erwiesen – und bei den letzten Naturvölkern, die es auf dieser Erde gibt, ist das auch heute noch so. Frauen zu unterdrücken hatte man erst seit ein paar tausend Jahren nötig. Das ist gegenüber dem, was wir da schon hinter uns hatten, nur ein Augenblick. Seit

Man sollte Feste feiern, wie sie fallen. Das ist einer der Schlüssel zum Glück.

hunderttausend Jahren, rechnet man, ist der Mensch schon genau so, wie er heute ist. „Das bisschen Antike ist ein Dreck dagegen", fand Sophie-Louise, die sich gerade über diese Dinge viele Gedanken machte.¶

„So weiß die Menschheit zum Beispiel auch", erläuterte sie uns einmal, „dass gemeinsame Feste all das fördern, was man allgemein mit dem Begriff Liebe in Verbindung bringt. Und deswegen sollte man die Feste feiern, wie sie fallen. Das ist einer der Schlüssel zum Glück."¶

Nur fallen sie heute nicht mehr so oft. Denn andere Freizeitangebote haben inzwischen fast vollständig das ersetzt, was früher gang und gäbe war: Man traf sich ganz spontan zum Essen oder zum Tanzen auf der Piazza oder unter der Dorflinde und ganz früher einmal, bevor das Christentum mit den heidnisch-promiskuitiven Sitten und Gebräuchen aufräumte, war es üblich, dass man Mitte Februar den Partner für die nächsten zwölf Monate per Los ermittelte.¶

Aus diesem eigentlich ganz netten, jedenfalls aber hoch-wirksamen Spiel und dem „Fallen" der Lose haben die Missionare den „Valentinstag" gemacht, der demnach doch keine Erfindung der Schokoladenindustrie ist. Ich gebe zu, dass ich auch lange gedacht habe, *Fleurop* hätte ein wenig an der Schraube gedreht, aber dem ist nicht so. Dahinter steckt ein uraltes keltisches Gesellschaftsspiel, das ich zwar nicht unbedingt zur Nachahmung empfehle, aber wer weiß, vielleicht kann man es ja doch auf einen Versuch ankommen lassen. Es hängt eigentlich alles nur davon ab, wie man zu der Frage steht, ob es überhaupt Zufälle gibt. Wenn es sie nicht gibt, kann man das Tänzchen ja getrost einmal wagen, und wenn es nur für einen Abend ist.¶

Kapitel 4 stellt Mutmaßungen darüber an, warum die Kunst, sich das Leben ein bisschen schwerer zu machen, ein nicht ganz unwesentlicher Teil vom Glück ist.

Meine Großmutter, die Malerin, hat die *Geschichte von den langen Löffeln* Anfang der Sechziger in ihren zauberhaften, duftigen Farben illustriert. Sie malte und zeichnete nämlich in etwa so, wie sie kochte, mit Seele und Phantasie und Lust zur Improvisation – und natürlich auch mit einem gerüttelt Maß an Talent. Sie war überzeugt davon, dass jedem von uns ein natürliches ästhetisches Gefühl innewohne, das bei dem einen mehr, bei dem anderen weniger nach Ausdruck dränge und das sich von ganz allein entwickle, wenn man ihm nur eine faire Chance gäbe. ❡

Auch unser guter alter Pfarrer Ole Hansen hätte zum Thema Kreativität eine Menge beizutragen gehabt, denn er ist ein unabhängiger Geist, der die Kunst, sich „einen Kopf zu machen", wie er es nannte, für genau das hielt, was uns zum Menschen macht. ❡

Er fand, dass in regelmäßigen Abständen alles neu gedacht werden müsse – von den Paulus-Briefen bis zum Ozonloch, das man zwar leider nicht mehr wegdenken könne, aber vielleicht sei ja doch noch etwas zu retten, wenn wir alle mal scharf überlegen würden. Der Anfang jeglicher Kreativität, behauptete er, sei es, sich überhaupt zu allem seine eigenen Gedanken zu machen und sich nie mit dem zufrieden zu geben, was unsere Zeitgenossen einem so erzählten – vor allem dann nicht, wenn es sich bei diesen Leuten um Nachrichtensprecher handle, die leider nur allzu gut die Kunst beherrschten, „etwas vom Pferd zu erzählen", wenn weiter hinten gerade der Stall abbrenne.

126

Denn in unserer ungemein Schönen Neuen Welt versucht man inzwischen ein bisschen zu oft, uns mit haarsträubenden Stories von Film-, Fußball-, Tennis- und anderen Stars von dem abzulenken, was wirklich wichtig ist. Klugen Leuten schlagen sich diese Bettgeschichten, die als weltbewegende Nachrichten daherkommen, inzwischen ganz fürchterlich aufs Gemüt und sie machen sich ihre eigenen Gedanken darüber, wie die Dinge eigentlich zusammenhängen. Wenn das einreißt, werden sich die Leute, die uns über unsere Köpfe hinweg zu regieren gewöhnt sind,

Die Kunst, sich Fragen zu stellen, die richtigen vor allem, ist die Mutter aller Kreativität.

demnächst schon umkucken müssen. Kluge Zeitgenossen schauen sich an, wie diese Leute inzwischen ihre Gipfelkonferenzen abhalten, und sie denken sich ihren Teil dabei, wenn die *come together* der Großkopferten auf hoher See zum Beispiel stattfinden, damit die *so genannten* Chaoten ihnen keine faulen Tomaten an die Birne werfen können. „Vernünftigen Leuten geben solche Dinge doch sehr zu denken. Warum treffen sich diese Großen nicht gleich im Weltraum – dann hätten sie es nicht mehr so weit zum Mond, wohin wir die ganze Bande am besten schießen sollten", fand Ole Hansen, der wirklich selten ein Blatt vor den Mund nahm. „Die Zeiten sind vorbei, wo Berta spann", zitierte er, denn Bismarck war eines seiner Spezialgebiete, und das mit dem Spinnen, fügte er stets hinzu, könne man durchaus wörtlich nehmen.❡

Sich „einen Kopf zu machen" sei im Übrigen nicht nur eine staatsbürgerliche Tugend (bzw. Untugend, je nach der Perspektive, aus der man das Ganze betrachte), sondern überdies *einer der Schlüssel zum Glück*. Die Kunst, sich Fragen zu stellen, die richtigen vor allem, sei die Mutter aller Kreativität – und der Zweifel ihr Vater. „Fragt euch stets", riet er, „ob das, was geschieht, auch wirklich der Weisheit letzter Schluss ist, denn bekanntlich ist das Bessere der Feind des Guten und Fortschritt ist nur deshalb möglich, weil ein paar kluge Köpfe nicht so recht glauben wollen, dass die Dinge so sind, wie sie angeblich sind. Der Zweifel ist der Hebel, mit dem sich unser medial vermitteltes Weltbild ganz leicht aus den Angeln heben lässt. Gebt mir einen festen Punkt im All – und schon ist der ganze faule Zauber vorbei. Bezweifelt zum Beispiel, dass es der ‚Menschheit gut geht, wenn es der Wirtschaft gut geht.' Dabei macht ihr euch eventuell unbeliebt, jedenfalls bei ein paar Leuten, doch ihr werdet garantiert plötzlich jede Menge anderer Menschen treffen, die im Grunde ihres Herzens genauso denken wie ihr und die dankbar sind, dass endlich ein paar Leute ausdrücken, was sie schon lange ahnen. Ein Genie ist, wer das sagt, was anderen nur vage bewusst ist,

Eigensinn macht Spaß. das fand schon Goethe. Genialität hat nämlich immer etwas mit Zeitgeist zu tun. Sie erfasst, was mehr oder weniger bewusst an Strömungen und Unterströmungen unser aller Gefühl beeinflusst, und ein Unbehagen in der Kultur meldet sie mit der Präzision eines Seismographen, und zwar eine ganze Weile, bevor sich die Dinge zuspitzen.❡

Ole Hansen war überzeugt davon, dass Dickköpfigkeit zum Glück gehört, wie auch Hesse fand, dass *Eigensinn Spaß macht.* Nur so ließen sich in einer schon fast unübersehbaren Menge angepasster, gleichgeschalteter Fernsehzuschauer die Seelenverwandten ausfindig machen, die noch selbst denken und nicht denken *lassen.* Das Internet, behauptete er, sei eigentlich ein prima Medium und auf diese fabelhaften Briefe, die man jetzt in Sekundenschnelle um den Globus schicken könne, könne eigentlich nur einer gekommen sein, der's wirklich gut meint mit der Menschheit, ein Engel zum Beispiel oder ein Heiliger (zu denen Ole Hansen übrigens als Protestant, der er nun mal war, ein sehr entspanntes Verhältnis hatte). ¶

„Jetzt wird wieder geschrieben, was das Zeug hält", berichtete er begeistert, als er seinen ersten PC mit einer DFÜ-Verbindung aufrüstete. Als Sohn eines Elektromeisters hatte er solche Dinge drauf und seine raffinierten Lichteffekte, die er zuweilen zur Gestaltung der Gottesdienste verwendete, waren berühmt. Nur Leberecht Lampe sollte ihn darin noch übertreffen, doch davon später mehr. ¶

„Die Mailboxen der Welt werden bald überquellen", prophezeite Ole Hansen damals und damit sollte er denn auch Recht behalten. Er hatte die erste E-Brief-Adresse in Christianssiel damals, und weil er die segensreiche Erfindung zuweilen sogar von der Kanzel herunter lobte, hatten bald viele Dörfler die vielfältigsten Kontakte in alle Welt. Seit es E-Mail gibt, hat sich Ole Hansens Kulturpessimismus deutlich gebessert, auch treten seine Anfälle von Weltschmerz seltener auf, seine Herzrhythmusstörungen sind – zur grenzenlosen Verwunderung meines Großvaters übrigens – spurlos verschwunden und auch seine Leber macht ihm keine Probleme mehr. Der inzwischen Neunundachtzigjährige geht zur Zeit federnden Schrittes jeden Morgen eine Stunde mit seinem Deutsch Drahthaar spazieren, der genauso ein Wadenbeißer ist wie sein Herrchen, und schreibt anschließend stundenlang an seinen Hirtenbriefen: Sie geben nicht nur seinem Leben Licht und Wärme, sondern auch vielen anderen Menschen und das ist ein höchst beglückender Gedanke. ¶

Seinem Nachfolger im Amte, dem stillen Pastor Lampe, ist die E-Mail-Begeisterung seines Kollegen allerdings ein ewiges Rätsel geblieben. Denn in seiner Seele war nur Platz für eine einzige große Liebe und von der will ich Ihnen jetzt kurz berichten, denn sie passt nur allzu gut zu dem, worum es hier geht.¶

Pastor Lampe war nicht gerade eine Leuchte, was seine theologischen und seelsorgerischen Talente betraf. Er war ein wenig menschenscheu, was für einen Seelenhirten nicht gerade von Vorteil ist. Auch seine Predigten rissen niemand von der Kirchenbank und das wusste er auch. Er hatte nicht das Format seines Freundes Ole Hansen, der notfalls so über die Agrarpolitik der EG wettern konnte, dass der Putz von der Wand fiel und die Dörfler stehend applaudierten. Dem Landesbischof waren diese *standing ovations* natürlich ein Dorn im Auge und Ole Hansen wurde deswegen auch mehrfach gerügt. Aber es sei einfach stärker als er, verteidigte er sich, denn eigentlich hätte er ja nur über die Sache mit dem Senfkorn predigen wollen, dem kleinsten aller Samen, der aber eine riesige Pflanze in sich birgt – und schon sei er wieder bei den Brüsslern gelandet, die von Landwirtschaft nichts, vom Melken aber sehr viel verstünden etc. etc. etc. Und da das Thema Landwirtschaft in der Bibel relativ häufig vorkomme, wisse er auch nicht, wie er derlei Themen in Zukunft vermeiden solle. Ole Hansens alter Bischof sah durch die Finger, aber einige andere seiner Vorgesetzten waren politisch überkorrekt. Es gab da einen, der sich nur noch in gebückter Haltung fortbewegte, während er pausenlos die Hände rang und eine Miene zog, die mein Großvater als typisches Hämorrhoiden-Gesicht bezeichnete: Wenn jemand *damit* auftauchte, wusste er gleich, was Sache war. Jener Oberhämorrhoidialrat ver-

stand jedenfalls in dieser und auch in anderen Hinsichten keinen Spaß. So wies er denn seinen Amtsbruder darauf hin, dass er ihm keinesfalls das Mastkalb schlachten werde, wenn er so weitermache. Doch Ole Hansen war's egal. Er schaute in guter protestantischer Tradition dem Volk aufs Maul und deswegen war seine Kirche des Sonntags stets brechend voll. Es reisten nämlich zudem die Bauern aus den anderen Dörfern an. Nachher war zur Freude seines Wirts der „Dorfkrug" überfüllt von politisierenden Land-wirten, die sich auf einen *Kümmerling* trafen und die Probleme ihrer Landwirtschaftsminister besser zu lösen gewusst hätten als diese selbst. Wen wundert's, denn Letz-tere scheinen (auch heute noch) der Überzeugung zu sein, dass ihr *Job* nicht viel mehr von ihnen verlangt, als auf irgendwelchen Grünen Wochen irgendwelche Bänder durchzuschneiden, Bierfässer anzustechen und in ländliche Schlachtplatten zu hauen.

Pastor Lampe hatte, wie gesagt, nicht das Kaliber eines Ole Hansen und er wusste auch, dass er nicht zufällig in Christianssiel gelandet war. Lampe, der zu allem Unglück auch noch auf die unseligen Vornamen Leberecht Gotthilf getauft war (als ob nicht einer dieser Namen schon voll-ends gereicht hätte, das Programm seines Lebens festzule-gen), Leberecht Gotthilf Lampe war in jeder Beziehung anders als sein Vorgänger, der Wadenbeißer. Er tat seinen Job, sprach mit leiser Stimme, predigte hochdeutsch, siezte seine Schafe, statt sie zu duzen (was auf dem Lande stets übel aufgenommen wird) und das war's denn auch. Schließ-lich hatte jener überkorrekte Hämorrhoidialrat also doch gewonnen – vielleicht aber auch nicht.

In seiner Freizeit bastelte Lampe an der größten *Märklin*-H0-(sprich HA-Null)-Modellbauanlage nördlich des Äquators herum und er hat deswegen auch nie geheiratet. Er lebte überaus gesund, trank nicht, rauchte nicht und er hatte auch sonst keine *Laster*, außer den kleinen Modell-Wagen, die er im Huckepackverkehr durch die Landschaft seines Kindheitstraums schickte.¶

Im letzten Herbst ist er gestorben – an gebrochenem Herzen, wie ich vermute, denn ein Wasserschaden im Pfarrhaus hatte einen Teil seiner kostbaren Anlage zerstört. Die Gemeinde überlegte lange Zeit, was sie über ihn in ihrer Dorfchronik schreiben könnte, und irgendein Witzbold schlug ein Tiroler Schnaderhüpferl vor:

> *„Ist amal ana gwen, der hat nie ane g'liebt.*
> *Kam in den Himmel, Schimpf hat er kriegt."*

Der Spruch wurde aber abgelehnt – weil nämlich Ole Hansen Einspruch erhob. Immerhin habe er ja seine Modelleisenbahn geliebt und diese Liebe war so groß, dass eben fürs Profane kein Platz mehr war in seinem Leben. Und außerdem gelte ja noch das alte Sprichwort, dass man den Leuten nur *„vorn Kopp kieken kann und nich drin"*. Wer könne denn entscheiden, welche Gründe Lampe dazu bewogen hatten, sein Herz eher an eine Spielzeugeisenbahn denn an ein Mädchen zu binden? Ole Hansen wusste, dass es da eine unglückliche Liebesgeschichte in der Biographie seines Amtskollegen gab – ebenso wie bei Jan-Willem van Köping –, und wie die Dinge zusammenhängen mussten, ahnte auch ich, denn einmal hatte sich der Pastor Lampe im Konfirmationsunterricht beinahe verraten, als von Berufswünschen die Rede war und von den Zufällen, die alles in unserem Leben regieren. (Er sprach wirklich von Zufällen und selten von Führung, denn in den endlosen Stunden über seiner *Märklin* dachte er ebenso wie meine Großmutter beim Kochen oder Jan-Willem van Köping beim Flirten über das Leben nach und was es uns lehrt. Nur konnte er es nicht so gut ausdrücken.) Er erzählte uns damals, dass er als Kind nur allzu gern eine Modellbauanlage gehabt hätte und dass ihm nach Jahren dieser sehnlichste aller irdischen Wünsche auch wirklich erfüllt worden sei. Die Zeiten seien eben schlechter gewesen damals, so dass zwischen einem Wunsch und seiner Erfüllung nicht nur vierundzwanzig Stunden lagen wie heute oftmals. Zugführer wollte er nämlich werden, der Pastor Lampe, dessen war er sich ganz sicher, und er wäre es auch geworden, wenn die Dinge nicht so gekommen wären, wie sie kommen sollten. Er hätte auch seine kleine Freundin aus Kindergartenzeiten geheiratet, auch das wusste er. Es stand schon alles fest zwischen den beiden Achtjährigen. Sein Vater aber wünschte, dass Leberecht Gotthilf Pfarrer würde. ❡

Als Weihnachten 1944 die Eisenbahn unterm Baum stand, hatte Leberecht genau zwei Tage lang Zeit gehabt, sich daran zu erfreuen. Danach war sie weg, ein Volltreffer hatte sein Elternhaus in Staub verwandelt. Das Einzige, was er noch in den Trümmern gefunden hatte, war ein Dorfkirchlein, das sein Vater aus Streichhölzern gebastelt hatte, und wegen dieses Kirchleins sei er dann auch Pfarrer geworden – um Heinrich Lampes letzten Wunsch zu erfüllen. ❡

Pastor Lampe fand wie viele andere Menschen seiner Generation für die eigentliche Tragik seines Lebens die seltsamsten Remedien. So entstand seine große Liebe zu kleinen Loks, denn die hübsche Achtjährige war, als er das Studium abgeschlossen hatte, schon vergeben. Ein anderes Mädchen hat er nie geliebt. ❡

Leberecht Lampes Lebenswerk kann heute als „Achtes Weltwunder" im Christianssieler Heimatmuseum bewundert werden. Aus aller Tragik ist die vielleicht schönste Modellbauanlage der nördlichen Halbkugel geworden und der Verdacht liegt nahe, dass auch die südliche in dieser Richtung nichts Besseres zu bieten hat. Lampes beste Freunde, der *Märklin*-HO-Club zu Christianssiel, haben in monatelanger, liebe- und aufopferungsvoller Arbeit den Wasserschaden behoben und die Anlage restauriert. Jährlich reisen Hunderte von Fans an, um das Wunder zu bestaunen, und im „Dorfkrug" gibt es einen Leberecht-Lampe-Stammtisch, der ausziehbar ist und bis zu dreißig Personen gleichzeitig Platz bietet. ❡

Und da Leberecht Lampe nicht wirklich gestorben ist, werden seine (postumen) *Märklin*-Freunde dort auch in hundert Jahren noch sitzen, an Weihnachten vor allem. Denn Pastor Lampes Modellanlage hat – wahrscheinlich als einzige Modellanlage der Welt – eine Besonderheit, die nur zwischen dem 24. Dezember und dem 6. Januar zu bewundern ist: Da findet sich in den bewaldeten Hängen einer einsamen Waldlandschaft eine zauberhafte kleine Krippe, in der die Heilige Familie zu Hause ist, umgeben von Hirten und Schafen, und mit einem lichtumstrahlten Engel, der über der herzerwärmenden Szene das Band mit dem Hinweis „Gloria in excelsis Deo" schwenkt. Nicht umsonst hieß der gute Pastor Lampe Leberecht Gotthilf … ❡

Am 6. Januar hat sich inzwischen das sogenannte *Christianssieler Drei-Königs-Treffen* eingebürgert, zu dem Lampes Küster seinen berühmten Küsterkuchen bäckt, ein im Wesentlichen aus Butter, Mandeln und Eiern bestehendes Gebäck. Lampe hat diesen Kuchen fast so geliebt wie seine Loks, und der Gedanke, dass man sein Andenken mit Küsterkuchen ehrt, hätte ihm sicher sein gutes Herz erwärmt. ❡

Kapitel 5 hat noch ein paar weitere Dorfgeschichten parat.

Die Kunst, ein schöpferisches Doppelleben zu führen, steht in enger Verbindung zu unserem Lebensglück und zu dem, was uns auch für andere Menschen anziehend macht. Denn wer nichts hat, wofür er sich begeistert, ist arm dran. „Stell dir vor, du triffst eines Tages den Menschen, mit dem du nur allzu gern den Rest deines Lebens verbringen würdest", gab Sophie-Louise eines Morgens meiner Cousine Rike zu bedenken, „und du weißt mit ihm über nichts anderes zu reden als über die PS-Zahl deines *Mercedes Cabrio* oder über deinen letzten Urlaub. Kein vernünftiger Mann heiratet eine Gans, und wenn, dann nur aus Versehen, jedenfalls aber nur auf Zeit." Diese Frist belaufe sich üblicherweise auf eine Zeitspanne von vierzehn Tagen, im günstigsten Fall auf maximal fünf Jahre. Danach könne man dann wieder von vorn anfangen mit dem Gebalze und es werde, darauf könne man Gift nehmen, von Mal zu Mal schwerer. Denn man wird ja auch nicht jünger. Und was einer Frau mit fünfundzwanzig noch problemlos gelingt, ist mit fünfundvierzig kein Kinderspiel mehr … Man müsse sich also tummeln, wenn man ein liebenswerter Mensch werden wolle – und dürfe ja nicht zu spät damit anfangen.

Meine Großmutter konnte manchmal Dinge mit geradezu schockierender Offenheit sagen, wenn sie fand, dass sich sonst kein Blumentopf gewinnen lässt. Und bei Rike schien wirklich Hopfen und Malz verloren, als sie nach ihrem abgebrochenen Mathematikstudium auf ein paar Wochen zu uns auf den Willemshof kam. Das mit dem Studienabbruch konnte man ihr nicht übel nehmen, denn kaum eine Frau von Bildung, Humor und Geschmack kann beim Lösen labyrinthischer Gleichungen Lustgefühle entwickeln. Und die brauchen wir nun einmal zum Glücklichsein. „In der Wahl seines Berufes", lehrte mein Großvater, „kann man gar nicht vorsichtig genug sein. Man bedenke stets, dass *die Freude, die er uns vermittelt, für ein Leben lang reichen sollte*, eine Tatsache, die die Frage, welche Zukunftsaussichten eine Beschäftigung hat, ziemlich unerheblich erscheinen lässt. Wer Medizin studiert, nur weil er zufällig den passenden Notendurchschnitt hat, wird an dem Job nicht wirklich Freude haben", fand Jens-Christian, „denn ein guter Arzt sieht nicht nur am Blutbild, was seinem Patienten fehlt."¶

In der Wahl seines Berufes kann man gar nicht vorsichtig genug sein.

Rikes Entschluss, die Mathematik aufzugeben, nahm ihr auf dem Willemshof also niemand übel – im Unterschied zu ihren Erzeugern, für die eine Welt unterging. Das nahm solche Formen an, dass mein Großvater eines schönen Morgens zum Hörer griff, seine Schwiegertochter anrief und ihr befahl, „mal halblang zu machen". Was er ihr sonst noch sagte, darüber war nichts in Erfahrung zu bringen, jedenfalls war danach Funkstille. Mein Großvater konnte eine ziemlich drastische Art haben, anderen den Kopf zu waschen, doch verschwieg er diskret, wie er dabei im Einzelnen vorging … Er grinste nur, wenn man ihn daraufhin befragte, legte den Finger auf den Mund und flüsterte: „Berufsgeheimnis!" Aber ich habe so den Verdacht, dass seine Therapien mit Sophie-Louises hochwirksamer „Watschentechnik" zu tun hatten, doch darüber war, wie gesagt, nichts Näheres bekannt.¶

Dass Rike die Mathematik aufgegeben hatte, war mir übrigens sehr sympathisch. Mir selbst sind sämtliche Rechenkunststücke, die über einen einfachen Dreisatz hinausgehen, höchst suspekt und schon der bloße Anblick einer von Brüchen strotzenden Gleichung löst Gefühle in meiner Magengrube aus, die sich meist nur noch mit einem Gläschen Artischockenlikör bekämpfen lassen. Aber der hilft zuverlässig, auch gegen Weltschmerz, Liebeskummer und andere Unbilden in diesem Jammertal. Ich setze ihn selbst an – wie meine Großmutter auch, die mir das Rezept dafür zusammen mit ihrem Nähkästchen vererbt hat. Er hilft – äußerlich angewandt – auch gegen Mückenstiche, Sonnenbrand und Teerflecken, aber das sei hier nur so nebenbei erwähnt. Auf Großmutters Nähkästchen und was es sonst noch so beinhaltete, komme ich später zurück.

Hier geht es zunächst um Rike und ihre Schlafzimmeraugen. Rätsel gab uns nämlich ihr apathischer Blick auf, mit dem sie alles musterte oder auch *nicht* musterte, denn es ist fraglich, ob sie mit ihren halb geschlossenen Lidern überhaupt noch etwas sah. Mein Großvater tippte auf *Dope*, Sophie-Louise votierte jedoch für Liebeskummer – und sie sollte Recht behalten damit. Möglicherweise gab es für Rikes Schlafzimmerblick auch eine ganz einfache – physikalische – Erklärung, die etwas mit Schwerkraft zu tun hat: Morgen für Morgen trug sie solche Mengen von Lidschatten über dicken Lagen ominöser Grundierungen auf, dass sie vielleicht allein schon deswegen die Augen nicht mehr aufhalten konnte. Niemand wusste, warum sie das tat. Denn ungeschminkt war sie mit ihren Tausenden von hinreißenden Sommersprossen eine Schönheit, nach ihren morgendlichen „Stuckateurarbeiten", wie mein Großvater das nannte, ging sie aber nur noch als hübsch durch.

Rike war in dem Bewusstsein aufgewachsen, dass Männer außer Beinen und Busen nicht viel im Kopf haben und dass Schönheit allein der Garant für das Lebensglück einer Frau ist. Ihre Mutter war eines jener twiggyhaften Fotomodelle, die Anfang der Sechziger dem Minirock und Helena Rubinstein zu ihrem Siegeszug verhalfen und die zu den seltsamsten, für Außenstehende wie Männer zum Beispiel kaum nachvollziehbaren Stimmungsschwankungen neigte. Diese Umschwünge standen in direkter Beziehung zu dem Gewicht, das die Badezimmerwaage des Morgens anzeigte, und hundert Gramm mehr oder weniger konnten bereits die übelsten Folgen haben. Ein ganzes Pfund Gewichtszunahme gar führte stets zu lauten Lamentos, die den monotonen Gesängen morgenländischer Klageweiber in nichts nachstanden und die zur vorzeitigen Flucht des Ehemannes von Tisch und Bett führten. Denn der las seine Zeitung lieber in der U-Bahn und drückte sich lieber in einem Stehcafé ein Rundstück rein, als sich weiterhin dem Gehader seiner Gattin auszusetzen. Wer will's ihm verdenken. Auch fand er es zunehmend schwierig, Antworten auf Fragen von existentieller Bedeutung zu finden wie: „Warum zum Teufel kann man von einem Verdauungsriegel aus dem Reformhaus ganze zweihundertfünfzig Gramm zunehmen? Dabei wiegt der ganze Riegel nur fünfzig Gramm und verspricht überdies, na ja ... Außerdem hat er angeblich nur hundertachtzig Kalorien" etc. ad infinitum. Ad *nauseam* ... Billy, so nannte sich Rikes Mutter, obwohl sie eigentlich Wilma hieß – Wilma klang ihr wohl zu sehr nach Kaiserreich und Pflichterfüllung und wahrscheinlich auch nach Buletten –, Billy hatte sich damals, als es noch keine elektronischen Messgeräte gab, von einem Spezialisten für Goldwaagen ein Präzisionsinstrument herstellen lassen, das Gewichtsschwankungen von fünfzig Gramm anzuzeigen vermochte, und diese Waage gab denn schließ-

lich auch den Ausschlag im Scheidungsprozess Jansen
gegen Jansen: Rikes Vater hatte es nach fünfundzwanzig
Jahren Ehe einfach *satt*, zum Abendessen zwei Scheiben
Mjölkbröd mit kalorienreduziertem Schmelzkäse hinge-
stellt zu bekommen nebst einem Magermilchjoghurt mit
Hefeflocken und einem Löffelchen Weizenkleie, bis er
selbst aussah wie eine jener Trockenpflaumen, denen Billy
reichlich zusprach. Seither ging er ohne das Wissen seiner
Gattin jeden Morgen ins Hotel „Vier Jahreszeiten", damit
er nicht vollends vom Fleisch falle. Das sei pure Notwehr,
und wer den bedauernswerten Mann betrachtete, der mit
seinen traurigen Cockerspanielaugen in die Welt blickte,
konnte sich des Eindrucks nicht erwehren, dass er besser
daran getan hätte, ganz ins „Vier Jahreszeiten" zu ziehen:
An seinem abgemagerten Schildkrötenhals hielt sich eine
gepunktete Architektenfliege nur mit allergrößter Mühe
und unter Aufbringung ihrer letzten Kraftreserven – bis
er eines Tages genug hatte von der Kalorienzählerei: Er
verließ die kalte Küche durch die Hintertür und lebt heute
in Südfrankreich mit seiner vollschlanken zweiten Frau,
die er am Frühstücksbuffet des „Vier Jahreszeiten" kennen
gelernt hatte, als sie gerade zum dritten Mal Rührei mit
Schinken nachfasste und ihm das bezauberndste, herz-
erwärmendste Lächeln schenkte, das er zeit seines öden
Ehe- und Berufslebens jemals zu Gesicht bekommen hatte.
Françoise jedenfalls hat das Wort *Cholesterinspiegel* noch
nie gehört und ihr ist das Kunststück gelungen, den hageren
Mittsechziger innerhalb eines Jahres in einen blühenden,
glücklichen, kerngesunden Mann von Anfang fünfzig zu
verwandeln. Selbst seinen Schildkrötenhals hat sie mit
innerlich und äußerlich angewandtem Olivenöl wieder hin-
gekriegt und auch seine sorgenzerfurchte Stirn vermochte

sie mit einer Reihe von Zauberkunststückchen aus der uralten Trickkiste weiblicher Weisheit wieder zu glätten. Als
gelernte Französin weiß sie, dass die Fackel der Liebe in der
Küche entzündet wird, dass sie aber auch genauso schnell
ausgeht, wenn die Küche kalt bleibt und leider auch kein
Wienerwald in der Nähe ist. So einfach ist das. Gemeinsam
essen verbindet eben. Und Kalorienzählen scheint das
genaue Gegenteil zu bewirken. Billys großes Idol war die
Herzogin von Windsor, die einmal behauptet haben soll,
dass eine Frau gar nicht reich und auch nicht schlank genug
sein kann – und diesen Satz haben offensichtlich Tausende von Frauen so sehr ver-
innerlicht, dass sie praktisch ständig auf
Diät sind. „Wie soll jemand, der immer ein
bisschen Hunger hat, glücklich sein?", fragte Sophie-Louise. „Wie soll man an die
guten Dinge gelangen, die wir brauchen,
um gut auszusehen, wenn wir morgens nur Kaffee trinken
– und vielleicht noch zur Unterstützung dieser Diät eine
rauchen? Esst, worauf ihr Lust habt, Kinders, *zählt keine
Kalorien, denn das macht Falten*, und benutzt euren Kopf und
eure Beine lieber dafür, wofür sie gemacht sind. Treibt
Sport und malt, spielt Klavier oder schreibt Gedichte und
esst *nach Herzenslust*. Das ist einer der Schlüssel zum
Glück."❡

Auch Krischan Brahm hatte aus der Sicht eines Medi-
ziners und eines Mannes so einiges zu diesem Thema beizutragen: „Was nützt euch ein schmaler Hintern, den die
Männer ohnehin nicht attraktiv finden, wenn eure Haut
unterversorgt ist und vor der Zeit altert? *Von hinten
Lyzeum, von vorne Museum* – das sagte man da, wo ich
herkomme, für nicht mehr ganz junge Frauen, die ihren

*Treibt Sport und malt,
spielt Klavier oder
schreibt Gedichte und
esst nach Herzenslust.
Das ist einer der
Schlüssel zum Glück.*

Lebenszweck im Hungern sehen. Manche Frauen sind keine vierzig – und schon ein Fall für die Denkmalpflege, dafür aber gertenschlank. Männer, lasst euch das gesagt sein, Mädels, finden Bohnenstangen, so sie nicht ganz jung sind, ebenso interessant und sicher auch ebenso aufregend wie die Neujahrsansprache des Bundespräsidenten."❡

Als Rike zu uns kam, war sie dreiundzwanzig, blass, twiggyhaft dünn, kränklich und sehr verwöhnt. Sie ernährte sich ausschließlich von (cyclamatgesüßtem) Erdbeerjoghurt und Barbara-Cartland-Romanen und wartete auf ihren Märchenprinzen – auf ihrem Zimmer wohlgemerkt, denn sie war überzeugt, dass der Richtige sie dort schon entdecken würde. Dass sie ziemlich unglücklich war, merkten wir schon, aber wir fanden einfach keinen Zugang zu ihr. Meine Großmutter war bald am Ende ihrer Weisheit angelangt und das hieß bei Sophie-Louise schon einiges. Sie brauchte Wochen, bis sie das Mädchen aus der Reserve locken konnte. Zunächst hatte sie es mit den raffiniertesten Mehlspeisen versucht, die im Normalfall nie ihre Wirkung verfehlten und mit denen sie selbst verhaltensgestörte Rotznasen im Handumdrehen in freundliche Kinder verwandelte, die spielend *bitte* und *danke* beherrschten und die danach auch ihre Eltern von Sinn und Zweck einer Reihe anderer Rituale zwischenmenschlicher Verständigung überzeugten.❡

Doch in Rikes Fall schien alles Backen vergebene Liebesmüh. Der Anblick eines goldbraunen Backhendls ließ sie ebenso kalt wie einen Eskimo das Angebot eines Himbeersorbets. Sie verachtete zutiefst alles, was mehr Kalorien hatte als eine Tasse schwarzer Kaffee, und fiel immer mehr vom Fleisch. Denn zu allem Unglück setzte ihr auch noch der Liebeskummer zu, worauf magersüchtige Romantike-

rinnen mit den aberwitzigsten Selbstbestrafungen zu rea-
gieren pflegen. ¶

Als alles nicht helfen wollte, setzte meine Großmutter
sich ein paar Tage lang zum Malen stets so in den Garten,
dass meine Cousine sie aus ihrem Elfenbeinturm sehen
musste. Und siehe da, das half. Nach einer Woche gesellte
sie sich zu Sophie-Louise und nach einem Monat hatte das
Mädchen rote Backen, aß *gestoovte Schniffelbohnen* und
sogar *Matjes in Specksauce*, lernte kochen und backen,
malen und höflich sein. Sie lernte wieder lachen und – vor
allem ihren Märchenprinzen in Gestalt unseres Tierarztes
kennen, der sie an einem schönen Morgen im Mai mit einer
Katze auf dem Schoß und einem unserer Cockerspaniel zu
Füßen im Garten sitzen sah – ungeschminkt zum Glück
und angetan mit einem von Großmutters alten Florentiner-
hüten sowie einem über und über bekleckerten Malerkittel.
Er sah sie dort versonnen vor ihrer Staffelei sitzen, mit
einem Pinsel in der rechten und einem Wiener Würstchen
in der linken Hand, das sie sich gerade mit dem ewig
hungrigen Pollux teilte. Unser Dr. Platen verliebte sich stehenden Fußes in die rothaarige, sommersprossige Himmels-
erscheinung, sah drei Wochen lang täglich nach dem
angeblich *Besorgnis erregend siechen* Pollux und ließ sich nie
allzu lange nötigen, den Tee im Garten einzunehmen, wo er
zunächst Pollux' – im Übrigen völlig normalen – Puls maß
und schließlich Rikes hoch beschleunigten ... ¶

Mit Tieren, müssen Sie wissen, konnte Rike, als sie nach
Christianssiel kam, ebenso wenig anfangen wie mit Wiener Würstchen und auf Katzen, behauptete sie damals, rea-
giere sie allergisch, was auch tatsächlich stimmte. Aber die
Allergie hatte sich ganz plötzlich vom Acker gemacht, was
möglicherweise Dr. Platen zu verdanken ist, der sich auf die

Kunst des Handauflegens versteht und der mit jedermann so redet, als handle es sich um ein krankes Pferd. Damit kommt man sehr weit im Leben.

Heute sollten Sie einmal Rikes fabelhafte Tierzeichnungen sehen, auf denen sie alles, was auf Gottes großem Erdboden kreucht und fleucht, in leuchtenden Farben abbildet. Inzwischen gelten ihre Arbeiten als fast unbezahlbar, aber sie verschenkt sie gern an Menschen, die ihr wirklich wichtig sind. Sie führt ein großes Haus und eine glückliche Ehe mit dem Pulsmesser, hat Kleidergröße 44 und jede Menge Kinder und Tiere und Verehrer ihrer Kochkunst. *Und außerdem hat sie die blitzenden Augen, die für alle kreativen Feuerköpfe so überaus typisch sind und an denen sie sich gegenseitig erkennen. Kreative ziehen nämlich Kreative an – eben wegen dieser leuchtenden Augen.*

Mutter Natur hat selten etwas ohne Hintergedanken so und nicht anders eingerichtet. Sie wollte, dass sich etwas bewegt auf dieser Erde, und deswegen ist sie auf den Dreh gekommen, ihre wunderbaren Glücksbonbons nur für die Mühe auszugeben, die wir uns geben. Für arbeitsersparende Maßnahmen hat sie ebenso viel übrig wie Sophie-Louise für ein Fertiggericht aus der Tiefkühltruhe.

Alles Relaxen ist zwar angenehm, aber beileibe nicht imstande, Glücksgefühle auszulösen.

Kreative Köpfe machen sich stets mehr Arbeit, als eigentlich nötig scheint, denn sie wissen aus Erfahrung, dass alles *Relaxen* zwar angenehm, aber beileibe keine Glücksgefühle auszulösen imstande ist. Deswegen köcheln sie ihre Suppen und Saucen – das ist hier durchaus auch bildlich gemeint – lieber nach althergebrachter Manier und verachten sämtliche Tütenprodukte aus tiefstem Herzen. „Denn mit *Maggi*", lehrte meine Großmutter, „geht zwar

144

alles schneller. Doch wer's stattdessen mit *Magie* versucht und die edle Kunst des Zauberns lernt, dem eröffnen sich tausend neue, spannende Möglichkeiten."❡

Zum Trost für alle, die nun wirklich zwei linke Hände haben und schon Probleme bekommen, wenn sie sich auch nur einen Tee aufgießen, sei hier angemerkt: *Es ist ziemlich gleichgültig, wofür man sich begeistert.* Und wenn's eine Sammlung alter Hosenknöpfe ist. Wer kochen kann, beherrscht freilich eine der ältesten und sozial nützlichsten Künste, die überdies noch bewirkt,

Glück hat etwas mit der Verwendung zu tun, die wir unseren Köpfen geben, unseren Herzen und unseren Händen.

dass sich Menschen näher kommen, doch im Grunde ist alles Kochen in diesem Kapitel als eine Metapher gemeint: *Wo Köpfe Funken sprühen, da fangen eben auch Herzen Feuer.* So einfach ist das eigentlich. Kreative Leute sind nie lang allein. Unsere Augen sind es, die diese unbändige Lust am Leben spiegeln. Wie das im Einzelnen abläuft, das weiß man eben nicht so genau, aber vielleicht schreibt darüber ja einmal jemand seine Doktorarbeit. Sicher ist jedenfalls: Kluge Leute haben ganz schnell heraus, wo die anderen Überflieger stecken, denn sie verständigen sich per Funk(en) und verabreden sich ganz einfach und unbürokratisch. Das ist auch der Grund, warum Kreative so viel Glück in der Liebe zu haben scheinen. Körperliche Schönheit ist offensichtlich gar nicht so wichtig, wie man immer denkt … Mutter Natur hat das schon ganz schlau eingerichtet damals, sie hat immer schon gewollt, dass sich ihre Lieblingskinder zusammentun und etwas Neues auf die Beine stellen.❡

Wenn man genauer über diese Zusammenhänge nachdenkt, wird deutlich, dass man vieles, was Beziehungskisten- und Single-Ratgeber-Autoren so alles an klugen Ratschlägen ausgeben, getrost in der Pfeife rauchen kann. Vergessen Sie sie am besten ganz: Glück hat etwas mit der Verwendung zu tun, die wir unseren Köpfen geben, unseren Herzen und unseren Händen – dann findet sich der andere von ganz alleine ein.

Wer hingegen stets darauf bedacht ist, Energie, Zeit, Kraft und Geld zu sparen, weil ihm die Medien das als normal darstellen, der ist ein armer Tropf und weiß es nicht einmal. Denn vielleicht verfügt er über ein berstendes Konto und über ein schnelles Auto, um von A nach B zu kommen, wo er die Zeit, die er jetzt gespart hat, totschlagen kann. Aber macht ihn das reicher? Wer erkennt, dass es mehr Freude macht, eine Stunde lang eine Sache mit Lust und Liebe zu tun, als sich dreißig Minuten einem wie auch immer gearteten Vergnügen auszusetzen, das uns zur Passivität verurteilt, der hat verstanden, worauf es ankommt.

Was uns für andere so anziehend macht, ist einzig und allein unsere Fähigkeit, über den Tellerrand des Alltäglichen hinauszublicken und uns – für was auch immer – zu begeistern.

Er weiß, dass das, was uns für andere so anziehend macht, letztendlich einzig und allein unsere Fähigkeit ist, über den Tellerrand des Alltäglichen hinauszublicken und uns – für was auch immer – zu begeistern. Kluge Leute wissen: Kreativität, das ist es. Sie ist der wichtigste Schlüssel zum Glück.

4

Über die
Kunst und
das Vergnügen
freundlich
zu sein

Oder:

Höflichkeit ist ein
goldener Schlüssel,
der alle Türen öffnet.

FRANZÖSISCHES SPRICHWORT

Was hat der
Freiherr von Knigge
mit unserem Glück
zu tun?

147

♥

Als Werner Bergengruen Anfang der fünfziger Jahre
seinen wunderbaren
„Baedeker des Herzens" schrieb,
überlegte er eine Weile,
wem er dieses Buch am besten widmen könne.
Die folgende Zueignung dürfte, denke ich,
zu den nettesten gehören, die je in einem Buch standen:

„Dem Passauer Bahnhofskellner gewidmet,
der mich bei Hochbetrieb
mit ‚Werter Herr Reisender' ansprach"

♥

Zeitgenössisches Kindergebet:
„Lieber Gott! Mach aus mir einen braven Jungen!
Papa und Mama schaffen es nicht!"

♥

In Kapitel 1 wird behauptet, dass es ganz einfach Freude macht, freundlich zu sein, denn es gibt tatsächlich so etwas wie eine „Biologie der Tugend".

Hier geht es um die Dinge, die man früher einmal unter dem Begriff *Höflichkeit* subsumierte, bevor sie außer Mode kamen. Nicht dass ich vorhabe, in eine Klage über diese „Neue Ruppigkeit" auszubrechen, die allenthalben herrscht. Obwohl ich schon zugeben muss, dass sie mich mächtig nervt, diese (mit Verlaub) *verdammte Coolness*. Die Parole lautet: *Sieh zu, dass dir die Mimik ja nicht in Richtung Lächeln entgleist*, kaue notfalls Kaugummi, denn das hilft doch sehr, die Gesichtsmuskeln unter Kontrolle zu halten. Auch Sonnenbrillen erweisen sich in dieser Hinsicht als hilfreich. Man kann sich und den Ausdruck seiner Augen nämlich wunderbar dahinter verstecken und so unerwünschte Kontakte vermeiden ...¶

Da soll doch einer! Mutter Natur – wie war das noch mal – will doch, dass sich ihre Lieblingskinder treffen und etwas Neues auf die Beine stellen, und hat sich eine ganze Menge Tricks ausgedacht, um sie zusammenzubringen. Und was macht diese undankbare Bande? Sie trägt unter Aufbringung beträchtlicher Mühe jene sattsam bekannten müden, gelangweilten, fast schon apathischen Mienen zur Schau, denen in besonders tragischen Fällen sogar noch ein unverkennbarer Zug *von Idiotie* anhaftet, dann nämlich, wenn der Träger dieser Maske beliebt, den Mund ein wenig offen stehen zu lassen. Dann ist wirklich Hopfen und Malz verloren.¶

Was diese coolen Kids natürlich *nicht* merken, ist: Leider, leider bewirkt die „Neue Dämlichkeit", wie man sie vielleicht nennen könnte, genau das Gegenteil von dem, was alle eigentlich im *Grunde ihres Herzens* wollen, denn in der uralten Körpersprache der Menschheit bedeuten diese unbeweglichen, ausdruckslosen und immer etwas blasierten Mienen (günstigstenfalls): „Ich will mit dir nichts zu tun haben, bleib mir vom Leib."❡

Vielleicht bilde ich mir das ja auch alles nur ein, aber ist es Zufall, dass es deutlich mehr Beziehungsprobleme gibt, seit die Zeitgeistingenieure dieser Welt das neue Ideal von Gleichgültigkeit ausgerufen haben? Im Verein mit der weltumfassenden „Nimm-dir-was-dich-anmacht"-Parole hat die Chose, wie mir scheint, ziemlich verheerende Wirkungen. Heute wünscht einem kaum noch jemand Gesundheit, wenn man niest, und das war eigentlich eine schöne und überdies sehr alte Sitte, die uns aus keltischer Zeit noch geblieben ist.❡

Auch Hilfsbereitschaft scheint ziemlich *out* zu sein neuerdings. Davon kann sich jeder überzeugen, der sich auch nur zehn Minuten vor einem Kaufhaus aufstellt. Wenn er es nicht mit einer Türautomatik, sondern mit einer dieser altmodischen Glastüren zu tun hat, wird er sich über den Zustand dieser Gesellschaft kaum noch Illusionen hingeben: Es hält kaum noch jemand einer Schwangeren eine Tür auf, nicht einmal dann, wenn sie sich mit einem Kinderwagen oder einem weiteren Kleinkind im Schlepptau durch die Türen zu kämpfen versucht. Sie kennen das sicher. Was früher einmal selbstverständlich war, nehme ich heute mit Dankbarkeit zur Kenntnis: wenn mir jemand eine Tür *nicht* vor der Nase zuschlägt, sondern sie sogar ein wenig offen hält, wie sich

Solange uns Mutter Natur mit Glücksgefühlen nur dann belohnt, wenn wir sozial und emotional richtig handeln, solange ist Polen noch nicht verloren.

das eben gehört. Das begeistert mich immer wieder und erfreut mein Herz.

Aber es gibt gute Nachrichten: Wissenschaftler, Neurologen und Evolutionsbiologen vor allem, haben sich so einiges, was sozusagen zu unserer genetischen Grundausstattung gehört, genauer angesehen und – siehe da! – festgestellt: Es gibt tatsächlich so etwas wie eine „Biologie der Tugend". Matt Ridley hat unlängst ein faszinierendes Buch darüber geschrieben. Er schreibt überhaupt nur sehr ungewöhnliche Bücher und kommt dabei zu den verblüffendsten Ergebnissen: *Solange uns Mutter Natur mit Glücksgefühlen nur dann belohnt, wenn wir sozial und emotional richtig handeln, solange ist Polen noch nicht verloren.*

Ich weiß noch sehr genau, wie zerknirscht Jan-Willem van Köping damals war, als er zusammen mit meinem Großvater wieder einmal eine seiner Umfragen startete und eine unübersehbare Menge von Zeitgenossen daraufhin befragen ließ, was ihnen zu dem Stichwort *Knigge* so alles einfalle. Das muss so Ende der Achtziger, Anfang der Neunziger gewesen sein. Dabei kam heraus, dass die meisten der Befragten zunächst an ein Murmelspiel dachten, andere hielten Knigge für einen Eierlikör oder für eine neue Art Tischfußball (sie wollten sogar im *Kicker* darüber gelesen haben) und ein paar waren auch dabei, die dachten, dass Knigge eine jener halblangen Kniebundhosen (!!) sei, die man in den Alpen – oder wo auch immer man auf Folklore steht – zum Jodeln, Kraxeln und anderen Turnübungen wie Fensterln zum Beispiel anzieht. Ansonsten reichten die Mutmaßungen, was mit Knigge gemeint sein könnte, von „pleite" bis „knille", wie man in Berlin den Zustand nennt, der dann eintritt, wenn man ein paar Bierchen zu viel gehoben hat. Es war schon haarsträubend, was bei dieser Umfrage herauskam, und ob wir darüber lachen oder weinen sollten, war uns lange Zeit nicht klar. Lachen, fanden wir, ist die bessere Lösung, denn das Schöne daran ist, dass, wer lacht, in diesem Augenblick viele, viele seiner grauen Zellen auf einmal benutzt, und das ist auch der Grund dafür, warum Lachen Lust macht. Auch das ist einer von Mutter Naturs fabelhaften Tricks, uns zum Denken zu bringen. Wer lacht, hat nicht nur mehr vom Leben – er sieht auch mehr. Und er findet leichter Lösungen.❡

Die brauchen wir auch, scheint mir, sonst können wir bald das, was von unserer Kultur noch übrig ist, in Einzelteilen zusammensuchen und im Museum ausstellen. Höflichkeit und *Fairness* zum Beispiel würden gut zu den Dinos passen, die sind auch schon so lange ausgestorben … Man kann direkt froh sein, wenn heute noch jemand die ursprünglichsten Formen menschlicher Verbindlichkeit beherrscht. Machen wir uns da nichts vor: Die meisten unserer Zeitgenossen wissen nicht einmal mehr, wie man *einen Augenkontakt* herstellt. Oder schaut Sie noch jemand an, wenn Sie eine Fahrkarte kaufen oder eine Tüte Eis? Schaut Sie noch jemand *wirklich* an, wenn Sie in einem Drei-Sterne-Hotel absteigen? Wie das in den Vier- und Fünf-Sterne-Häusern ist, weiß ich nicht, die kann ich mir nicht leisten. Aber ich schätze mal, dass es da ähnlich aussieht. Es gibt inzwischen Ärzte, die nicht einmal mehr ihre Patienten ansehen, sondern nur noch auf irgendwelche Bildschirme oder Computerausdrucke starren.❡

Warum hat man wohl immer das Gefühl, dass man in einem Tante-Emma-Laden oder in der Bäckerei um die Ecke, in der kleinen Familienpension oder in der winzigen Vorortbuchhandlung besser aufgehoben ist als in den

Luxushütten dieser Welt? Ganz einfach: weil man da noch – im wahrsten Wortsinne – *angesehen wird* und nicht nur *angesehen ist*, wenn man eine Suite für vierhundertachtzig Mark die Nacht mietet und dicke Trinkgelder verteilt. Tante Emma hat natürlich keine Chance, klar. Aber vielleicht ist es ja doch noch nicht zu spät, wer weiß? Der Trend soll ja von den seelenlosen Konsumpalästen wieder zurückgehen zu den kleineren, überschaubaren Orten, die unseren Herzensbedürfnissen eher gerecht werden. Doch zur Zeit scheinen die persönlich geführten Familienbetriebe im Aussterben begriffen zu sein, denn gegen die Konkurrenz der großen Ketten kann kaum noch einer an. ❧

In den besseren Schuppen steht immerhin geschultes Personal hinterm Tresen, das zwar die Sache mit dem Augenkontakt immer noch nicht so richtig verstanden hat, das aber zumindest über ein paar wohl einstudierte Phrasen verfügt. Auch hat man ihnen beigebracht, die Kundschaft bzw. die an- und abreisenden Gäste zu *grüßen*, und das ist schon mal ganz nett. Es ist immerhin besser als gar nichts, oder? Man sollte doch inzwischen für jedes auch nur halbherzig hingemurmelte „Tachchen" dankbar sein, finde ich, denn derlei Aufmerksamkeiten verstehen sich keineswegs mehr von selbst. Ich weiß nicht, wie es Ihnen damit geht, aber wenn ich an irgendwelchen Kassen zu warten habe, beobachte ich stets ganz fasziniert, wie da abkassiert wird. Meist klingt eine Stimme aus dem *Off*, die einen „achtzehn fuffzich" zum Beispiel abverlangt. Dann sollte man möglichst schnell die Börse ziehen, am besten man hat das Geld schon abgezählt in der Hand, bevor man sich hurtig vom Acker macht. *Das ist oftmals alles, was diese Schöne Neue Welt noch an sozialer Interaktion zu bieten hat, fürchte ich.* ❧

154

Feinere Läden erkennt man daran, dass einem das Personal immerhin noch ein „Tschüssi" mit auf den Lebensweg gibt. Wenn diese Leute wüssten, dass „Tschüs" von „Adschö" abgeleitet ist, von „Adieu" nämlich, was – wörtlich übersetzt – eigentlich „Gott befohlen" bedeutet, würden sie das bestimmt auch nicht mehr machen, da bin ich fast sicher.

Es ist traurig, aber wahr: Die *meisten unserer Zeitgenossen ahnen nicht einmal, dass zwischenmenschliche Verständigung etwas mit dem Herzen zu tun hat und nicht mit rhetorischen Mätzchen* und dass jeder an den Augen erkennen kann, ob der andere es wirklich ehrlich meint mit uns. Das eigentlich Tragische an der *Coolness*, die zur Zeit angesagt ist, ist nicht eigentlich die *Coolness* selbst. Damit könnte man gerade noch leben. Die Eskimos haben sich ja auch irgendwie mit der sie umgebenden Eiseskälte arrangiert. Das Problem ist vielmehr, dass unsere uralten Instinkte uns vor Menschen warnen, die uns nicht anschauen oder die beim Reden

> *Die meisten unserer Zeitgenossen ahnen nicht einmal, dass zwischenmenschliche Verständigung etwas mit dem Herzen zu tun hat.*

plötzlich die Augen abwenden. Auch Sonnenbrillen sind etwas, was die Evolution damals nicht in ihre Überlegungen einbezogen hat – hätte sie besser getan, denn dann hätten viele unserer Zeitgenossen heute nicht diese Kontaktprobleme. Die Hypercoolen machen das eigentlich ganz unabsichtlich und hegen dabei auch sicher keine wie auch immer gearteten Hintergedanken, doch dummerweise senden sie unbewusst Signale aus, die ihre Gegenüber ebenso unbewusst auf Abstand gehen lassen.

Das ist es. Wenn mich nicht alles täuscht, dürfte dieser im Grunde ziemlich simple Zusammenhang erklären, warum Tausende und Abertausende von Kontaktmöglichkeiten ganz einfach nicht mehr genutzt werden. Selbst junge Leute haben inzwischen Probleme, wie es scheint, und das ist nun wirklich ziemlich schade.

Höflichkeit ist die Sprache der Seele. Früher, lang, lang ist's her, erwarben wir das Wissen um die Regeln und Rituale menschlicher Verständigung mit derselben Leichtigkeit wie unsere Muttersprache, doch inzwischen, scheint mir, müssen wir sie neu erlernen. Krischan und Sophie-Louise hatten übrigens so etwas wie einen Schnellkurs in Sachen Höflichkeit in petto. Davon ist im Folgenden die Rede.

Kapitel 2 verrät, was sich selbst noch gegen hartnäckige Fälle von Blasiertheit unternehmen lässt. Hier erfahren Sie mehr über das „Paradeiser-Spiel" und die berühmten Segeltörns meines Großvaters.

„Wo sind nur die guten Manieren hin?", fragte sich Sophie-Louise zuweilen kopfschüttelnd, wenn sie ein paar ihrer Enkel betrachtete, die ihrem pädagogischen Einfluss entzogen waren, weil einige von ihnen nie auch nur ihre Ferien auf dem Willemshof verbracht hatten. Wenn sie – jeden Blickkontakt meidend – ein gelangweiltes und überdies noch falsch betontes „Moin" oder ein „Tach" hinnuschelten, fragte sie die Knaben, ob sie beim Küssen ihrer Mädchen wenigstens ihre Kaugummis aus dem Mund nähmen, was diese dann zumeist verwirrt und errötend in Abrede stellten. (Das, fand Sophie-Louise, sei ja wenigstens etwas. Es sei immer ein gutes Zeichen, wenn einer noch rot werden könne.)

Aber meine Großmutter wäre nicht meine Großmutter gewesen, hätte sie nicht ein besonderes Talent gehabt, sich diese Burschen „zu kaufen", wie sie es nannte. Auch die Mädels knöpfte sie sich vor, die bei Tisch nichts Besseres zu tun hatten, als den Zustand ihrer Fingernägel zu inspizieren.

Im Verein mit Jens-Christian und Jan-Willem knackte sie alle: die Coolen und die Blasierten, die Zimt- und die Gewitterziegen, die computerversessenen *Nerds* und die *bad Grrls*. Sie wandte eine höchst subtile Form von Ergotherapie an und, siehe da, nach ein paar Wochen konnten all die coolen Kids kochen und backen, sie konnten Unkraut von jungem Kohlrabi unterscheiden und fanden, dass Kartoffeln rausmachen oder Holz hacken *irgendwie geil* sei. Die pickligen Freaks, die noch kürzlich in ihrem üblichen Outfit auf den Willemshof geschlappt waren, hatten plötzlich Muskeln und bewegten sich wie Sportler, die Mädels trugen statt ihrer Designerklamotten nur noch Takelhemden, denn Jens-Christian und Jan-Willem nahmen die ganze Bande am Wochenende mit auf einen ihrer berühmten Segeltörns nach Wangerooge oder nach Sylt, nach Jersey oder London. Zwei Monate auf dem Willemshof und die Eltern erkannten ihr eigen Fleisch und Blut nicht mehr: Ihre verwöhnten Lieblinge waren braun gebrannt, wohlgenährt, kerngesund und – entwickelten urplötzlich höchst eigenartige *soziale Talente*, die ihnen noch ein paar Wochen zuvor niemand zugetraut hätte. Dieselben angeblich *fun- und labelorientierten Kids*, die noch vor kurzem ihre Unterhosen irgendwo herumliegen gelassen hatten – im Vertrauen darauf, dass die Mama oder die Zugehfrau sich schon darum kümmern würde –, dieselben Wohlstandskids deckten auf dem Willemshof *unaufgefor-*

dert den Tisch und – man stelle sich das nur einmal vor! – sie sprangen in die Küche, sobald sich herausstellte, dass irgendjemand am Tisch noch etwas brauchte, was vielleicht fehlte. Sie überboten sich geradezu gegenseitig in ihrer Hilfsbereitschaft und machten eine Art Wettbewerb daraus, den sie das „Paradeiser-Spiel" nannten.❡

„Die Hilfe, um die uns ein anderer bitten muss, ist nämlich nur halb so viel wert", erklärte Sophie-Louise. „Man muss *sehen*, was der andere braucht, und helfen, sobald man merkt, dass er allein nicht zurechtkommt, im Idealfall sogar noch früher – bevor der andere überhaupt merkt, dass er ein wenig Hilfe gut gebrauchen könnte."❡

„Aber das ist die Hohe Kunst der Hilfsbereitschaft", fand auch unser Großvater, „und sie erfordert eine Menge Phantasie und Einfühlungsvermögen. Zur Belohnung gibt's dafür allerdings jede Menge Glücksbonbons. Das, was die Buddhisten *Achtsamkeit* nennen, ist *im Grunde nichts anderes als das auf die ganze Schöpfung ausgeweitete Prinzip christlicher Nächstenliebe.* Wer Tomaten auf den Augen hat und Bohnen in den Ohren, der weiß gar nicht, was ihm alles an Glücksmöglichkeiten entgeht."❡

Wegen dieser Tomaten hieß der Wettkampf, den wir uns auf dem Willemshof lieferten, denn auch Paradeiser-Spiel. Mit dem Paradies hat das Ganze nicht direkt oder, sagen wir, nur am Rande zu tun. Den Namen lieferten eigentlich nur die Tomaten, die wir auf den Augen haben, und da man für Tomaten in Österreich *Paradeiser* sagt, hieß unser Spiel eben *Paradeiser-Spiel.* Man spielt es am besten bei Tisch. Die Regeln sind ganz einfach und sie ähneln ein wenig dem Schwarzen Peter: Wer nicht sieht, was die anderen brauchen, verliert

„Niemand, der etwas taugt, lebt zu seinem Vergnügen."

HERMANN HESSE

und erhält zum Schluss zwei Paradeiser, die diesem Penner die Botschaft vermitteln: Penne ruhig weiter, so verpennst du dein Glück … Das geht nämlich ganz leicht. Wer blind durchs Leben schleicht, lebt zwar bequemer, aber wozu lebt er überhaupt?

„Niemand, der etwas taugt, lebt zu seinem Vergnügen", meinte Hermann Hesse und der war nun wirklich kein Spießer, der sich darin gefiel, nach Mottenkiste miefende Stammtischparolen auszugeben. „‚Niemand, der etwas taugt …' – diesen Satz sollte man sich ab und zu einmal auf der Zunge zergehen lassen wie einen dieser wunderbaren Flammenkuchen eurer Großmutter", empfahl uns Jan-Willem van Köping hin und wieder.

Mein Onkel Jan-Willem und mein Großvater hatten überhaupt so ihre eigene Art, uns Dinge zu vermitteln, die sich nicht völlig von selbst verstanden. Sie nahmen uns ganz einfach mit zu einen ihrer Segeltörns auf der *Liekut*. Die Yacht, müssen Sie wissen, heißt so, weil Krischan und Jan-Willem fanden, dass Aufrichtig- und „Geradeheraussein" (und das ist in etwa das, was *liekut* bedeutet) der beste Weg sei, um anständig durchs Leben zu kommen.

Aber es steckt noch mehr in *liekut*: „Es heißt: Alle Leinen los", erklärte Jan-Willem. „*Befrei dich von den Zwängen deines Lebens und segle ganz einfach in den Wind, verlass dich auf deine Geschicklichkeit und deine Kenntnisse und vor allem auf die anderen Mitglieder deiner Crew* – so lassen sich alle Untiefen dieser Existenz glücklich umschiffen."

Auf derlei bildreiche Bemerkungen war van Köping ebenso spezialisiert wie auf jene Komplimente, von denen weiter oben die Rede war. Den meisten Landratten, die an Bord kamen, gab er damit mächtig zu denken. Wenn sie nach so einem Törn wieder den Hafen anliefen, waren sie

oft wie ausgewechselt – das hing ein wenig von der Windstärke ab. Ab Windstärke sechs oder sieben zeigten selbst
nüchterne Neohedonisten einen deutlich wahrnehmbaren
Hang zur Metaphysik. Das heißt mit anderen Worten: Sie
hatten (auf Deutsch gesagt) *Schiss* und Schiss setzt zuweilen die erstaunlichsten Denkprozesse in Gang. Jan-Willem
hatte oft Geschäftsfreunde aus der Kakaobranche an Bord,
die im richtigen Leben (oder was sie dafür hielten) knallhart
um jede Bohne feilschten und darauf spezialisiert zu sein
schienen, täglich von acht bis achtzehn Uhr anderen das
Leben schwer zu machen. Genau diese scharf rasierten, tes-
tosterongebeutelten harten Männer, die sonst forschen
Schrittes über Leichen gingen, genau diese Typen hockten
nicht selten in ihrem nigelnagelneuen Segeloutfit auf einem
Tampen und murmelten etwas vor sich hin, was Seebären
unschwer als Stoßgebete identifizieren konnten. Es half
auch nicht viel, wenn Jan-Willem oder Ole Hansen in derlei Situationen den Grüngesichtigen mit dem Trost kam:
„Tscha, vor Gericht und auf hoher See stehen wir alle in
Gottes Hand ...", denn auf eine nähere Bekanntschaft mit
dem Weltenschöpfer hatten sie nie allzu viel Wert gelegt,
zumindest bisher. Wenn sie, das dankbare Gesicht gen
Himmel gerichtet, den schwankenden Schiffsboden endlich
wieder mit der relativen Sicherheit eines Landestegs ver-
tauschen durften, waren auch sie selbst oftmals wie aus-
getauscht. ⁊

„Ist doch gediegen, was so ein *büschen* Seekrankheit
manchmal bewirken kann", fand Jens-Christian. „Sie hilft
dabei, ein paar neue Akzente im Leben zu setzen und bringt
Entwicklungsschübe, wie man sie oftmals gar nicht für
möglich gehalten hätte. Denn jedem, der zur See fährt, geht
irgendwann auf, dass ein Schiff eine gewaltige Metapher

für unser Leben ist – wobei die Frage offen bleibt, ob ein wirklicher Segeltörn nicht ungefährlicher ist. Denn in einer gut eingespielten Crew kann sich der eine auf den anderen verlassen und darauf, dass jeder weiß, was zu tun ist. Ab Windstärke acht diskutiert niemand mit dem Schiffsführer über Demokratie, da wird getan, was der sagt, und alles ist dankbar, dass einer den Überblick hat und die Landmarken kennt."❡

> *„An Rheumatismus und an wahre Liebe glaubt man erst, wenn man davon befallen ist."*
>
> MARIE VON EBNER-ESCHENBACH

Wer einmal so richtig schön seekrank war, den kann im Leben eigentlich nichts mehr erschüttern. Seekrankheit ist etwas ganz Übles, müssen Sie wissen, und darüber hat nur gut lachen, wen es selbst noch nie so richtig erwischt hat.❡

Aber das ist wohl bei allen Dingen so. „An Rheumatismus und an wahre Liebe glaubt man erst, wenn man davon befallen ist", hat Marie von Ebner-Eschenbach einmal sehr treffend beobachtet, wie überhaupt, was sie sagte, bemerkenswert wahr ist und auch witzig formuliert. Sie war eine der klügsten Frauen des 19. Jahrhunderts. Genauso gut hätte sie auch sagen können: „An Seekrankheit und an wahre Liebe …", aber sie lebte im Böhmischen und hat, soweit ich weiß, das Parkett ihres Schlösschens nie mit den Planken eines Schiffs vertauscht.❡

Jens-Christian und Jan-Willem, diese beiden alten Seebären, fanden immer, dass Seekrankheit vor allem ein glänzendes Training für Liebeskummer sei. Aber ich weiß nicht, wenn ich's mir recht überlege, ist mir Liebeskummer noch lieber. „Wer unter Stress gleich welcher Provenienz leidet, gehe segeln, das bläst einem die Sorgen aus dem Kopf, und wer seekrank wird, vergisst garantiert alles andere. So ist's mit Kummer nämlich immer: Wenn man sich klarmacht, dass noch viel Schlimmeres hätte passieren *können*, ist alles nur noch halb so schlimm. Das heißt mit anderen Worten: Wer sich ein Bein gebrochen hat, sollte sich stets damit trösten, dass es auch zweie hätten sein können. Das hilft immer und lässt uns dankbar annehmen, was uns bedrückt.❡

Wer seekrank ist und wieder an Land darf, dem erscheint selbst eine öde Kaimauer wie das Paradies auf Erden. Es ist eben alles relativ. Wer klug ist, verlernt es nicht, sich über die kleinen Dinge zu freuen, denn davon gibt es weitaus mehr als von den großen."❡

Kapitel 3 erzählt die Mär vom Glück und erklärt, was es mit Jan-Willems Gulden-Spiel und Sophies Kipfel-Konferenzen auf sich hat.

Wenn die Rede von diesen Dingen war, erzählte mein Großvater gern die Geschichte von dem weißrussischen Bauern, der ganz intuitiv das Geheimnis des Glücks erkannte. Krischan Brahm war davon überzeugt, dass sie nachhaltiger wirkt als alle Schmerzmittel dieser Welt, und deswegen nahm er sie in das Repertoire seiner Weisheitsgeschichten auf, mit denen er zuweilen seine Patienten therapierte. Sie ist nicht lang und ursprünglich ist sie auch in Moskau als Witz aufgekommen, aber es steckt darin für jeden, der richtig hinkuckt, eine tiefe Erkenntnis.❡

„Jener arme Bauer", erzählte mein Großvater, „durfte nach Israel auswandern, ging dann aber nach ein paar Monaten in seine Heimat zurück. Natürlich befragte ihn alle Welt, warum um Himmels Willen er es vorziehe, in diesem von Mängeln jeder Art gezeichneten Land zu

162

leben statt an den Fleischtöpfen des Heiligen Landes. Wisst ihr, was der weise alte Mann antwortete? ‚In Tel Aviv hatte ich immer Licht und Wasser, Tag und Nacht. Und es gab auch alles zu kaufen, jederzeit. Hier ist oft kein Licht – kann man nix machen. Kommt wieder Licht – ich freu mich! Habe hier kein Wasser – das ist dumm, aber nicht zu ändern. Kommt wieder Wasser – ich freu mich. Gibt es keine Kohlwurst, schlecht. Gibt es wieder Kohlwurst – ich freu mich. Ihr seht also: Hier habe ich immer Grund, mich zu freuen.‘“

So funktioniert wohl Glück: *Es besteht in der Kunst, (sich) aus nichts etwas zu machen.*¶

Und das gilt offensichtlich für alle Lebensbereiche. Wer alles hat, was er will, hat nicht das, was er braucht, denn Freude ist für uns so lebensnotwendig wie Licht, Luft und Wasser – und etwas zu knabbern hin und wieder. Wenn man ein Fertiggericht in den Ofen schiebt, hat man zwar Zeit gespart, aber wirkliche Freude lässt dieses Mahl nicht aufkommen. Wer aber aus dem Nichts ein Weihnachtsgeschenk für den anderen hervorzaubert oder ein Abendessen aus einer Büchse Thunfisch, der weiß, dass das Glück in der Kunst besteht, sich das Leben immer ein wenig schwerer zu machen.¶

So funktioniert wohl Glück: Es besteht in der Kunst, (sich) aus nichts etwas zu machen.

Wenn wir uns in Christianssiel zu Weihnachten treffen und zu dreißigst oder fünfunddreißigst um den großen Tisch herumsitzen, dann spielen wir ein Spiel, das Jan-Willem van Köping einst erfand und das deswegen auch das Gulden-Spiel heißt. Es besteht darin, dass jeder Anwesende per Los die Namen von fünf anderen seiner Ver-

wandten zieht und den Auftrag erhält, bis zum Silvester-
abend für diese fünf Personen jeweils ein Geschenk zu
finden, das nicht mehr als jeweils einen Gulden kosten
darf. Frei sind sämtliche noch unbearbeiteten Zutaten
(wie Mehl, Zucker, Eier), die in Küche und Keller oder in
Haus und Hof zu finden sind. Auch Stoff, Leder, Papier
und anderes wird zur Verfügung gestellt ... Was in der
Woche nach Weihnachten auf dem Willemshof los ist,
werden Sie kaum ermessen können. Da herrscht geschäfti-
ges Sägen und Hämmern allenthalben, es wird gepinselt,
kalligraphiert und nachgedacht, was das Zeug hält. Da sitzen Fünfzehnjährige, die von Unter- und Oberfaden noch
nie etwas gehört haben, an Großmutters alter Pfaff und
kämpfen mit den Lederriemen des Fußantriebs, während
ihre verliebten und durchaus hilfsbereiten Cousins ihnen
die physikalischen Grundlagen der Transmissionsgesetze
zu erklären versuchen. („So lernen die Maderln schon im
zarten Alter Lektion Nummer eins im Umgang mit dem
anderen Geschlecht: Wenn du schnell Hilfe brauchst, bei
der es auf Improvisation ankommt, frage lieber eine Frau.
Ein Mann gibt dir erst einmal eine Vorlesung über die
Quantenmechanik, bevor er sich von dir eine Zange holen
lässt." O-Ton Sophie-Louise)❡

Unser Gulden-Spiel ist, wie der Name schon andeutet,
Gold wert und es sei hier ausdrücklich zur Nachahmung
empfohlen. Schon mit der Überlegung, was man dem anderen schenken *würde*, wenn man nur eine Mark oder einen
Gulden oder einen halben Euro zur Verfügung *hätte*, lässt
sich Schwung in jede Party bringen. Mit einem Stift und
einem Zettel und dieser Spielanweisung ist der übliche
Smalltalk sofort vergessen und das Gespräch dreht sich
sehr bald um die Dinge, die wirklich zählen ...❡

In Frankreich gibt es zur Zeit eine Gruppierung von Leuten, die sich die *Nouveaux Pauvres* (die Neuen Armen) nennen und die sich auf die Armut als kulturelles Erbe berufen. Sie haben erkannt, dass nicht der Überfluss uns glücklich macht – ganz im Gegenteil, er nervt eigentlich eher. Nein, es ist allein die viel zitierte Not, die erfinderisch macht, und nur wer sein Gehirn benutzt, kann auch Freude am Leben haben. Echte Freude nämlich. Den *Spaß*, den uns die hirn- und herzlosen Konsumangebote versprechen, überlassen kluge Leute inzwischen jenen Verhaltensgestörten, denen die entsprechenden Teile ihrer Anatomie fehlen, weil sie sich irgendwann einmal das Gewissen haben herausnehmen lassen. Kluge Leute wissen, dass man nicht auf die Dauer gegen sein Gefühl anleben kann, ohne krank zu werden, und sie wissen auch, dass Mutter Natur uns nur fürs *Anschalten* des Gehirns belohnt, nicht fürs *Abschalten*. ❡

Wenn wir aus Trotz genau das Gegenteil von dem leben, was die Bedürfnisproduzenten dieser Welt für uns vorsehen, dann haben wir schon einen der wichtigsten Schlüssel zum Glück in der Hand.

Und deswegen tun sie genau das, was die Profitmaximierer dieser Welt uns abzugewöhnen versuchen: *Sie denken nach* – und zwar oft. Und außerdem noch *gegen den Strich*. Denn wenn wir aus Trotz genau das Gegenteil von dem leben, was die Bedürfnisproduzenten dieser Welt für uns vorsehen – dann haben wir schon einen der wichtigsten Schlüssel zum Glück in der Hand. Oder, sagen wir, zu der Art von Glück, wie es in dieser Gesellschaft noch möglich ist. Denn dass sie immer mehr die Züge einer Diktatur trägt, haben Querdenker und helle Köpfe schon lange herausgefunden. ❡

Wenn meine Cousins und Cousinen vom Willemshof wieder in ihre unwirtlichen Städte zurückkehren mussten, hatten sie auch zu politischen und sozialen Fragen ein leicht verändertes Verhältnis. Noch ein paar Wochen zuvor hatten sie zu diesen Themen überhaupt keine Meinung, so, wie sie eigentlich allem, was sie umgab, mit Coolness und Indifferenz begegnet waren.

Meinem Großvater machte diese Ohnemichel-Haltung (wie er sie nannte) mächtig Sorgen, aber Sophie-Louise fand auch hier eine Lösung – wie immer natürlich in ihrer Küche.

Wenn eine neue Lieferung Enkel eingetroffen war, veranstaltete sie ihre sogenannten *Kipfel-Konferenzen*. Dazu saßen alle rings um den Kamin in den tiefen Chesterfieldsesseln meines Großvaters und ein jeder übernahm die Rolle eines Staatschefs dieser Welt oder irgendeiner Wirtschaftsgröße seiner Wahl. All diese Hohen Tiere pflegten sich regelmäßig in Christianssiel zu einer Gipfelkonferenz zu treffen und die Probleme auf diesem Globus zu lösen. Auch historische Personen wie Bismarck zum Beispiel oder Machiavelli, Friedrich der Große oder Maria Theresia waren willkommen. Wer von Politik nun gar keine Ahnung hatte, durfte die Rolle der Gloria von Törn und Taxus spielen. Aber das wollte natürlich keiner.

„Was würdest du als Erstes tun, wenn du in diesem Land etwas zu sagen hättest, wenn du zum Beispiel Bundeskanzler wärst?" Das war die Schlüsselfrage – und danach ging es üblicherweise so hoch her, dass niemand vor zwei Uhr ins Bett kam und oft nicht einmal vorm Frühstück, das Sophie-Louise ab fünf Uhr auf den Tisch brachte. Hier wurden Utopien durchgespielt und Ideale neu erfunden und die Frage, ob der Bundeskanzler überhaupt was zu sagen hat, wurde auch diskutiert.

Dazu servierte Sophie-Louise, der wir die Rolle der *Königin Luise* zugeteilt hatten, ihre berühmten Kipfel. Es gab Klosterkipferln (mit Schokolade), Mohnkipferln, Nuss-kipferln, Vanillekipferln – und *last not least* Schinken-kipferln! Mein Gott, Sophie-Louises Kipferln waren so gut, dass es schon Ohnmachtsanfälle dabei gegeben haben soll. „Ein Höhepunkt", flüsterte Jan-Willem einmal unserer Königin Luise zu, „ein Höhepunkt ist ein Dreck dagegen." Damals war ich noch nicht konfirmiert und deswegen stellte ich mir unter Höhepunkt auch etwas ganz anderes vor, was, weiß ich nicht mehr so genau, so eine Art Gipfel eben, etwas in der Rote-Grütze-mit-Sahne-Richtung. Als Dreijährige hatte ich schon den Hermann-Claudius-Vers drauf:

Rodegrütt! Rodegrütt!
Kik mal, watt lütt Hein hütt itt.
Alls rundum hett he vergeten.
Rodegrütt, dat is en Eten!
Rodegrütt.

Na ja, das gehört vielleicht nicht so direkt zum Thema – oder doch? Denn bei Licht besehen *dreht sich alles darum, dass wir die Grütze, die uns Mutter Natur mitgegeben hat, auch benutzen,* und zwar nicht zu unserem eigenen persön-lichen Vorteil, sondern zum Wohle *anderer.* Dafür und nur dafür gibt's Glücksgefühle.

In Christianssiel hätten Kohl, Thatcher, Clinton, Gis-card und Konsorten damals übrigens was lernen können. Ihre eigenen Gipfelkonferenzen nähmen sich gegen unsere Diskussionsrunden eher wie „Gimpeltreffen" aus, fand auch Ole Hansen, dem Politik ja sehr am Herzen lag. Und leider, leider wirken sich die politischen Rahmenbedin-gungen, die diese Leute unwiderruflich schaffen, auf alle Lebensbereiche aus, sogar noch auf die persönlichsten.

Kapitel 4 berichtet von den Epoche machenden Christianssieler Frühschoppen, von denen heute noch alles schwärmt.

Die Christianssieler luden sonntags immer sämtliche Verwandte, Freunde und Bekannte aus den umliegenden Dörfern ein, um Ole Hansens in jeder Hinsicht brand-stiftende Predigten zu hören. Hinterher politisierten die Herren der Schöpfung im „Dorfkrug" weiter (wo sie ihren Brand erst mal mit *Jever* löschten), während sich die Damen ums Mittagessen kümmerten und dabei eine Kanne Ost-friesischer Mischung nach der anderen leerten. Diese „Christianssieler Frühschoppen" waren so berühmt, dass sie sich bis nach Oldenburg durchsprachen und Gleich-gesinnte in Scharen anzogen. Bei schönem Wetter konnte es geschehen, dass man weder in der Kirche noch im „Dorf-krug" mit dem Ansturm fertig wurde, aber Sophie-Louises kulinarischer Weltsicht ist auch hier eine höchst raffinierte Lösung zu verdanken: Sie schlug vor, dass die Besucher, wenn das Wetter entsprechend war, ganz einfach Picknick-Körbe mitbringen sollten. Dann hielt Hansen seinen Gottesdienst in den Dünen ab und danach gab es Gelage, sage ich Ihnen, Gelage gab es, von denen der ganze Land-kreis heute noch schwärmt.¶

Man saß und redete und aß bis in die Nacht hinein, man zündete Feuer an, während sämtliche Kinder sich miteinan-der verbrüderten, sang und klampfte sich durch die Mund-orgel, bevor man spät abends den Weg nach Hause fand – was allerdings oftmals mit beträchtlichen alkoholinduzier-ten Schwierigkeiten verbunden war.¶

Dass diese Christianssieler Sonntagstreffen abbrachen, hat politische Hintergründe, die ich hier nur andeuten kann. Jedenfalls gab es ein paar emotional gestörte Zeitgenossen, denen diese Treffen ein Dorn im Auge waren. Ole Hansen nahm bekanntlich kein Blatt vor den Mund, wenn er den Kindermord zu Bethlehem zum Beispiel zum Anlass nahm, über die dreihunderttausend Kinder zu predigen, die in Deutschland jährlich abgetrieben werden. „*Dreihunderttausend, das ist eine Zahl mit fünf Nullen!* Das sind alles Kinder, die, wären unsere Adoptionsgesetze anders, in glücklichen Familien aufwachsen dürften!" Derlei Äußerungen konnten natürlich verschiedenen Leuten – ach wären sie nur *verschieden*, frotzelte Jan-Willem – gar nicht recht sein und sie ruhten nicht eher, als aus Brüssel so eine neue Vorschrift daherkam, die die Christianssieler Picknicks aus *hygienischen Gründen* (!!) verboten. Inzwischen muss ja auch jeder, der auf einem Pfarrfest einen selbst gebackenen Kuchen der Allgemeinheit zugute kommen lässt, eine offizielle *Belehrung* über sich ergehen lassen, die ihn darüber ins Bild setzt, dass, sollte jemand nach dem Genuss eines hausgemachten Käsekuchens einen Pickel am Kinn kriegen, man den Schuldigen sofort an jenem Körperteile kriegen wird, von dem hier im Zusammenhang mit Kreuzworträtseln schon die Rede war. In Brüssel ist man ziemlich nervös inzwischen, weil man weiß, dass karitative Umtriebe (die ja ohne Käse-, Apfel- und andere Kuchen nicht denkbar sind) möglicherweise *Gemeinsamkeit* stiften, und das gefällt den Burschen, die an der Desintegration Europas herumbosseln, natürlich gar nicht. Inzwischen gibt es sie aber wieder, die Christianssieler Sonntagstreffen, und zur Zeit ist Jens Jensen dabei, per Internet andere Gemeinden zu ähnlich aufmüpfigen Aktivitäten „aufzustacheln".

Dazu passen wohl auch folgende Geschichten, die vielleicht auch ein Hinweis darauf sind, dass erstens Matthias

Claudius wunderbarer Satz: „Die Liebe hemmet nichts"
immer noch stimmt und dass man zweitens mit *ein wenig
Zivilcourage, Phantasie und gutem Willen ganz leicht die Pläne
unseres allseits geliebten Big Brother unterlaufen kann, wenn
man denn will* – und wenn man gute Freunde hat, die mit-
machen. ¶

Kapitel 5 nimmt Bezug auf Ole Hansens höchst
ungewöhnliche Überlegungen zu der Kunst,
zuweilen ein wenig auf der Leitung zu stehen
und sich Fragen zu stellen, dumme vor allem.
Außerdem beschreibt es genüsslich seine
berühmt-berüchtigte „Tote-Hosen-Predigt" …

… die übrigens für eine Reihe von Gemeindemitgliedern
höchst erfreuliche Folgen hatte. Hier ist der erste Teil der
(Liebes-)Geschichte von Antonia und ihrem Baron, die
dazu einlädt, anders zu denken, unorthodox und mutig
und kritisch vor allem und warum nicht auch ein bisschen
„freiherrlich". ¶
Dazu muss ich wohl etwas weiter ausholen. Ich hoffe
doch, Sie haben nichts dagegen? Es geht hier zunächst um
das, was hinter der Abkürzung *PC* steckt. *PC* meint nämlich nicht nur den *Personal Computer, PC* bezeichnet vor
allem die alles beherrschende *Political Correctness* – sie lässt
sich als so eine Art Trojanisches Pferd definieren, das ein
paar Strategen in unsere Sprache geschoben haben, um den
Wertewandel zu kontrollieren. PC besteht, grob verein-
facht, darin, dass man einen Schurken nicht mehr als einen
Schurken bezeichnen darf, sondern nur noch als einen
weltanschaulich anders Orientierten, so, als gehöre es zu

seiner ganz persönlichen und daher auch ganz legitimen Lebensphilosophie, andere zu besch…ummeln. Näheres wird über das Phänomen PC aus nahe liegenden Gründen nur selten preisgegeben, und wenn, dann nur aus Versehen, aber wer aufmerksam das politische Weltgeschehen verfolgt, weiß natürlich inzwischen, was Sache ist. Mitte der Achtziger war das Ganze jedenfalls noch relativ neu und es ist charakteristisch für Ole Hansen, dass er damals schon spürte, wohin es führt.¶

Denn er beherrscht ja die Kunst des Weiterdenkens.¶

Dass Ole Hansen sich mit seinen aufmüpfigen Predigten nicht gerade beliebt machte, wissen Sie bereits. Wenn er so richtig in Fahrt war, blieb kein Auge trocken, er pfiff auf seine Vorgesetzten, bis er eines Tages auf die grandiose Idee kam, seinen Schäfchen die Sache mit der politischen Korrektheit auseinander zu setzen.¶

„Es mag ja noch angehen", erklärte er, „wenn man jemanden, der einen leichten Schatten hat, als *emotional andersartig* bezeichnet, aber was soll nur bezweckt werden, wenn man jemanden, der fies, böse, gemein oder hinterhältig ist, *moralisch andersartig* nennt? Heißt das, dass asoziales oder antisoziales Verhalten *eine durchaus akzeptable Form persönlicher Lebensgestaltung* ist, die wir gefälligst zu tolerieren haben? Genau das heißt es! Es heißt, dass wir die rechte Wange auch noch hinhalten sollen, weil Aggressivität zum *Menschenrecht* persönlicher Selbstverwirklichung des anderen gehört. Auch Auto- und andere Einbrüche, Banküberfälle, Drogenhandel etc. etc. sind im Rahmen der persönlichen Freiheit jetzt durchaus salonfähig – nur falsch parken sollte man nicht, da verstehen die Politessen keinen Spaß. Ein Ladendieb ist jetzt kein Dieb mehr, sondern ein Mensch mit *unkonventionellem Einkaufsverhalten*, der sich mit *Alternativ-Shopping* (auch so ein PC-Wort) die Zeit vertreibt. Jedem das Seine, auch wenn er's nicht bezahlt hat. Wer weiß, vielleicht wird das, was bereits jetzt als *Kavaliersdelikt* durchgeht, demnächst als Grundrecht in die Verfassung aufgenommen, möglich ist inzwischen ja alles. Aber ich hoffe doch sehr, dass es noch ein paar Leute gibt, die sich fragen, was an einem Kavaliersdelikt so *gentlemanlike* sein soll." Er brachte dann noch eine Geschichte, die sich kurze Zeit zuvor in Cuxhaven abgespielt hatte. Dort überwältigte ein beherzter Juwelier einen dieser Gentlemen und karrte ihn in einer Gartenschubkarre zum Polizeipräsidium. Nur währte die Freude an dem überstandenen Abenteuer nicht lang, denn ebendieser Juwelier wurde zu einer saftigen Geldstrafe wegen *Freiheitsberaubung* verdonnert. Er hätte den Einbrecher nämlich bitten müssen, freundlicherweise im Hinterzimmer Platz und mit seiner Gesellschaft fürlieb zu nehmen, bis die Polizei eintrifft. Politisch korrekt wäre außerdem ein Tässchen Tee gewesen und ein Zuckerkringel dazu. Auch in Leer hat man unlängst einer achtzigjährigen Dame –

Die Political Correctness hat sich in den letzten Jahren als eine Art Ersatzideologie etabliert.

einer Handballerin von echtem Schrot und Korn – einen Schadenersatz von zwanzigtausend Mark aufgebrummt, die sie wahlweise auch als Haftstrafe absitzen darf. Sie hatte nämlich einen Einbrecher aus dem ersten Stock ihres Hauses mit dem gezielten Wurf eines Blumentopfes schachmatt gesetzt, und so etwas darf man eben heute nicht mehr. Denn Einbrecher sind auch nur Menschen und sie haben mithin ein Recht auf freie Selbstentfaltung.❡

„Was früher einmal unserem ‚gesunden Rechtsempfinden' entsprach, ist heute passé", meinte Hansen dazu. „Die Political Correctness hat sich in den letzten Jahren als eine

Art Ersatzideologie etabliert, auf die die Gutmenschen auch prompt hereinfallen. Die PC tut so, als könne sie kein Wässerchen trüben und sei einzig und allein dem Wunsch zu politischer Rechtschaffenheit entsprungen. Sie schützt die Täter, nicht die Opfer, verwirrt und vernebelt uns und verkauft uns alle ein bisschen für dumm."❡

Da die meisten Menschen einen – von der Natur gewollten – Hang zum Guten haben, denkt sich auch niemand was Böses dabei. Sie haben gar nicht so viel *Phantasie*, sich vorzustellen, dass jemand auf so verschlungenen Wegen versuchen könnte, unsere Meinungen zu manipulieren. Wenn irgendwo auf der Welt ein Angriffskrieg geführt wird, meldet das Unschuldslamm PC, dass der „Friedensprozess gerade ins Stocken gekommen ist". Denn der eigentliche Grund für all diese Sprachkosmetik ist die Absicht einiger weniger *moralisch Andersartiger* im Trüben zu fischen. Man vermeidet einfach Wörter wie Krieg, Todesopfer oder Wahnsinn (Wahnsinn ist eben nur *emotionale Andersartigkeit*) – und schon ist wieder alles in Butter. Merke: Wenn irgendwo zwei miteinander verfeindete Bevölkerungsgruppen aufeinander losgehen, sind die, auf deren Seite wir zu stehen haben, *Freiheitskämpfer*, während die bösen, bösen *Menschenrechtsverletzer*

Inzwischen sind schon viele Gedankengebäude, die jahrtausendelang unsere abendländische Ethik geprägt haben, eingestürzt.

als „Rebellen" bezeichnet werden. Auch aus Umweltschützern und Globalisierungsgegnern macht man kurzerhand *Chaoten*. Und schwupp, schon wissen wir, wann wir zu klatschen haben. Denn Freiheitskämpfer sind stets die Guten – und Rebellen die Indianer. Ganz einfach. Und Indianer (wie war das noch mal?) sind doch schon immer die Bösen gewesen, die Skalpjäger, huh.❡

Die politische Korrektheit ist das natogrüne Tarnnetz, das sich die Maulwürfe übergeworfen haben, um weiter unbemerkt buddeln zu können. Inzwischen sind schon viele Gedankengebäude, die jahrtausendelang unsere abendländische Ethik geprägt haben, eingestürzt und auch um die Liebe steht es – ähnlich wie um den schiefen Turm von Pisa – nicht gerade zum Besten. Die Scheidungsquoten haben Schwindel erregende Ausmaße erreicht, weil die *self-esteem*-Spezialisten ganze Arbeit leisten. Das sind diese Bewusstseinsingenieure, die mit Erfolg die „Ich-weiß-genau-was-ich-will-und-kriege-es-auch"-Ideologie eingeführt und damit für Leid ohne Ende gesorgt haben – als ob das Leben ohne diesen Stress nicht schon schwer genug wäre. Das sind auch die Leute, die sich solche Wortungetüme wie *Lebensabschnittspartner* oder *-gefährte* ausgedacht haben, ein Wort, das Sophie-Louise, wie sie es ausdrückte, nicht einmal mit der *Kohlenzange* anfassen würde. „Mich erinnert dieses fast schon perfide Wort an Karl Kraus' geniales, scharfzüngiges Motto *,Geschlechtsverkehr ja, aber bloß keine Intimitäten!'* Da ist das Ende vom Lied schon mit einprogrammiert."❡

Vielleicht erinnern Sie sich an die peinliche Geschichte, die ich Ihnen anfangs erzählte, als ich nicht sofort darauf kam, was LAG („Lebensabschnittsgefährte") bedeutete. Ich erzählte sie auch unserem alten Ole Hansen, als ich ihn kürzlich besuchte, und sie amüsierte ihn sehr. Er machte sich sogar ein paar Notizen und demnächst, schätze ich, wird er eine Predigt darüber schreiben. Er ist zwar nun schon seit vielen Jahren im Ruhestand, aber er macht immer noch, wie er es nennt, *den Heiligen Ghostwriter* für seine Nachfolger, die schon ganz in Ordnung sind, denen aber irgendwie „der Biss fehlt". Er schreibt sogar hin und

175

wieder für einige seiner katholischen Amtskollegen. Das bleibt jetzt aber unter uns. Sie sagen's ja nicht weiter.❡

„Manchmal ist es gar nicht so schlecht", fand Ole Hansen, „ein wenig auf der Leitung zu stehen. Es ist im Gegenteil stets ein Vergnügen, sich Fragen zu stellen, besonders wenn sie *dumm* sind. Man sollte diese Gewohnheit geradezu zur Kunstform erheben, denn wer etwas eigentlich Selbstverständliches, angeblich Offensichtliches oder allgemein Akzeptiertes hinterfragt, der wird mit den erstaunlichsten Erkenntnissen belohnt. Man akzeptiere nur ja nicht, was andere an fertig Gedachtem uns tagtäglich auftischen, und denke lieber selbst, vor allem weiter und zu Ende. *Das ist einer der Schlüssel zur Weisheit und er passt auch fürs Glück,* denn Denken macht Spaß, und wer weiß, wie er an Mutter Naturs wunderbare Endorphine kommt, dem kann diese Spaßgesellschaft schon nichts mehr verkaufen."❡

Denken macht Spaß, und wer weiß, wie er an Mutter Naturs wunderbare Endorphine kommt, dem kann diese Spaßgesellschaft schon nichts mehr verkaufen.

Er ist schon ein Querkopp, unser alter Ole Hansen, und er scheute sich auch nicht, die Dinge, die er für wahr hielt und für gelogen, von der Kanzel herab bekannt zu machen. „Lasst euch nicht irre machen", riet er seinen Schafen eines Tages und das sollte für ihn ziemlich einschneidende Folgen haben. „Traut vor allem den psychologischen Kaffeesatzlesern nicht, die zum Beispiel zu Partnerwechsel schon dann raten, wenn einmal ein paar wochen- oder monatelang (wie schrecklich!!) *tote Hose* herrscht." Tote Hose, das hat Ole Hansen damals wörtlich gesagt, und was danach los war, können Sie sich kaum vorstellen! „Impotenz oder Anorgasmie verstößt ja angeblich gegen unser *Menschenrecht,* anständig bedient zu werden", wetterte er – alles von der Kanzel herab wohlgemerkt –, „man hat ja schließlich auch etwas *investiert* in diese Beziehung. Das ist so in Dienstleistungsgesellschaften. Da kann man für sein gutes Geld auch was verlangen …"❡

Mein Gott, Ole Hansens berühmte „Tote-Hosen-Predigt" hat damals so viel Staub aufgewirbelt, dass seine Kirchenöberschten wochenlang nicht mehr geradeaus kucken konnten. Zumal Hansen, um den Kohl so richtig fett zu machen, zudem noch Wilhelm Busch zitierte, der da sagte: „So dich jemand auf die rechte Wange schlägt, so reiß ihm das linke Auge aus und wirf es von dir!", was mit dem christlichen Toleranzideal offensichtlich nicht so ganz vereinbar ist. Toleranz sei ja gut und schön, fand Ole Hansen, *„aber wat mott, dat mott."*❡

„Niemand, der seinen Garten liebt, ist tolerant gegenüber Maulwürfen, das ist eine uralte Kiste", erläuterte er. „Er nimmt ein paar Lappen, tränkt sie mit Petroleum, was den Pelztierchen unglaublich stinkt, und schon ist man die Bande los – ganz einfach und umweltschonend. Man ersetze das Petroleum durch soziales Miteinander – denn das ist genau das, was den *self-esteem-Spezialisten* furchtbar stinkt – und, siehe da, wir haben endlich wieder Ruhe. Man kann die Lappen auch anzünden, dann geht das Ganze noch schneller."❡

Das sind in etwa die Dinge, die Ole Hansens aufrührerische Predigten zum Inhalt hatten – und jetzt wissen Sie auch, warum die Christianssieler Sonntagstreffen so unglaublich beliebt waren. Dass seine eigenwilligen Predigten den Dörflern *sehr*, der lokalen Politik aber *gar nicht* gefielen, wird niemand wundern. Er zog vom Leder, sage ich Ihnen, dass es nur so krachte. Einmal verglich er den Ausverkauf unseres Kulturerbes, zu dem sich unsere politische Führungselite berechtigt glaubt, mit dem Fall einer Hamburgischen Putzfrau, die angeblich alles, was im Hause ihres Arbeitgebers nicht niet- und nagelfest war, verscherbelt hatte und sich später mit dem Argument rechtfertigte, dass die Politiker doch genau dasselbe tun: Sie veräußern, was ihnen nicht gehört und was ihnen von ihren Wählern eigentlich nur zu treuen Händen übergeben wurde. Solche Texte kamen natürlich in gewissen Kreisen nicht so gut an. ❡

Wen wundert's da, dass ab und zu ein paar auffällig unauffällig gekleidete Herren vom Verfassungsschutz die Hinterbänke unserer schönen, alten Christianssieler Pfarr-kirche besetzten. Die stehen ja schon dann auf der Matte, wenn einer sich, bildlich gesprochen, weigert, den Mantel-saum eines unserer jeweiligen Bundeskanzler oder -präsi-denten zu küssen. Hinterhältigerweise kamen diese Leute stets in letzter Minute in Hansens Kirche, so dass niemand unseren Herrn Pfarrer mehr vorwarnen konnte. Für diesen Fall hatten die Dorfbewohner ein Signal verabredet, das den Hinterbänklern auf ewig verborgen blieb: Nach dem ersten Choral tröteten sämtliche Kirchenbesucher gleich-zeitig in ihr Sacktuch, was Hansen dazu veranlasste, „Geheimhaltungsstufe Zwei" einzuschalten und seine klas-sische Predigt: „Wie ein Hirsch schreit nach Wasser, so schreit meine Seele, o Herr, zu dir" herauszuholen, die so wunderbar fromm war, dass fast alles (einschließlich der Hinterbänkler) einschlief. Darin wurde etwas von Bäumen, die an Wasserbächen gepflanzt sind, erzählt, auch das Hohe Lied der Liebe kam nicht zu kurz (denn Liebe geht immer) und selbst die hart gesottensten Verfassungsschüt-zer kriegten feuchte Augen. Nach der Kirche versuchten sie manchmal, im „Dorfkrug" noch einiges herauszubekom-

men, aber auch hier redete auf das bekannte Sacktuchsignal hin alles nur noch von den Schweinefleischpreisen und von den „Idioten in Bonn und Brüssel". Es herrschte stets eine *Bombenstimmung*, wenn die Verfassungsschützer da waren, sage ich Ihnen, und manche waren auch gar nicht so „unübel". Sie vertrugen jedenfalls einen anständigen Schluck und der eine oder andere sprach auch platt. *Und wer platt spricht, kann kein ganz schlechter Mensch sein.* In Norddeutschland jedenfalls herrscht die Überzeugung, dass, wer platt schnackt (oder „kürt"), das Herz am rechten Fleck hat. Mit solchen Leuten kann man reden, weil sie noch das sind, was man „Alte Schule" nennt. Und vielleicht hat die „Alte Schule" doch mehr Vorteile, als der „Neuen" recht sein kann.

Die Christianssieler glühten jedenfalls vor Vergnügen an den Verfassungsschutzsonntagen. Zuweilen war bei den Verfassungsschützern der eine oder andere dabei, der sich krampfhaft um eine Dienstmiene bemühte, aber Hein Carstens importierte damals einen sehr anständigen Ginever aus Holland, was seinem Verständnis von kultureller Bereicherung entsprach, und diesem edlen Getränk gelang es *dropje por dropje*, die Herren über dieses oder jenes anders denken zu lassen. Die Stimmung, die in Hein Carstens Kneipe herrschte, war unbeschreiblich, sage ich Ihnen. „Der Schmäh rennt", wie meine Großmutter das nannte, denn so sagt man in Wien und anderswo, wenn sich alles prächtig amüsiert, und der Ginever ließ tatsächlich den Schmäh rennen.

Wenn Hansen höchstpersönlich im „Dorfkrug" auftauchte, hat er so manchen dieser im Grunde sympathischen Burschen in ein seelsorgerisches Gespräch verwickelt und ihn väterlich auf den rechten Pfad zurückgeführt (nicht den *rechten* im Sinne von *rechts*, sondern eher den *linken*, im Sinne von *Solidargemeinschaft*). Das war aber im Grunde gar nicht nötig, denn der Alkoholdunst hatte schon einige Denkprozesse ausgelöst. Frei nach der Devise: „Beeter en lüttjen Seever as en lüt Fever" – Besser einen kleinen Rausch als ein kleines Fieber – ging in Christianssiel so mancher Verfassungstreue vor Anker.⸿

Es gab übrigens auch Wanzen in der Christiansieler Pfarrkirche, klar. Aber da man auf dem Dorf immer ganz genau weiß, wie man mit Geziefer und Ungeziefer jeder Couleur fertig wird, hatte man auch hier die entsprechenden Bewältigungsstrategien: Jeden Samstag Nachmittag, wenn das dörfliche Putzkommando die Kirche herrichtete, wurde unter der resoluten Leitung von Hermine Herz (die so beherzt war, wie sie hieß) durch die Bank alles kontrolliert. Die Wanzen waren immer leicht zu finden, in den Hinterbänken natürlich, weil die Jungs nicht Phantasie genug hatten, sich vorzustellen, *wozu eine funktionierende Dorfgemeinde alles fähig ist …*⸿

Sie konnten sich auch nicht vorstellen, dass dieselbe Gemeinde so viel kriminelle Energie aufbringen konnte, ihren Pastor Leberecht Lampe dazu zu bringen, mit matter, ersterbender Stimme die Wanzen mit frommen Predigten vollzuquatschen, bevor er sie wieder an Ort und Stelle deponierte. Diese Predigten geben wahrscheinlich noch heute den Burschen in Bonn bzw. Berlin Rätsel auf. Sie waren ja auch von Hansen, und wenn er wollte, konnte er gerade das Maß an Zweideutigkeit hineinlegen, das reichte, um als unsicherer Kantonist zu gelten. Lampe war in derlei Dingen nicht so

Menschen, die guten Willens sind, verstehen es, selbst noch die Dinge für ihre Zwecke zu nutzen, die andere eigentlich mit ganz anderer Absicht erfunden haben.

geschickt, aber dafür konnte er mit Elektronik umgehen – schon wegen seiner Eisenbahn. Eine dieser Wanzen hat er sich übrigens zum Andenken behalten, das fiel wohl auch nicht weiter auf, und damit soll er – unbestätigten Gerüchten zufolge – die Gespräche belauscht haben, die vor dem Konfirmationsunterricht stattfanden. Wenn er dann den Unterricht antrat, nahm er sehr zum Erstaunen der versammelten Mannschaft darauf seelsorgerisch Bezug und galt eben deswegen als besonders begabt für die Jugendarbeit. Er hatte mächtig Respekt bei den Dreizehn- bis Fünfzehnjährigen, womit hinlänglich bewiesen sein dürfte, dass *Menschen, die guten Willens sind, selbst noch die Dinge für ihre Zwecke zu nutzen verstehen, die andere eigentlich mit ganz anderer Absicht erfunden haben.*❡

„Die Dunkelheit kann das Licht nie überwinden", erklärte uns Lampe, der vielleicht nicht umsonst so hieß. „Das ist ein physikalisches Gesetz. Es kann noch so dunkel sein, wie es will, *es löscht ein Licht nie aus.* Der Weltraum ist unglaublich dunkel, aber gegen die Sterne kann er nicht an, nicht einmal gegen die Sterne, die es schon gar nicht mehr gibt. Und wenn es stimmt, was die Japaner sagen, dass nämlich die Ideale wie Sterne sind, dann reichen schon ein paar Ideale, um die Finsternis zu überwinden. Sie hat, glaubt mir, nie eine Chance gegen das Licht. Auch die Chinesen haben ein Sprichwort: ‚Klage nicht über die Dunkelheit, sondern zünde lieber eine Kerze an.' In finstrer Nacht ist schon ein kleines Licht ein Hoffnungsschimmer, wenn aber alle eine Kerze anzünden, hat das Böse keine Chance. *Verlernt sie nicht, die Kunst, eine Kerze anzuzünden.* Und manchmal hilft es auch, einem anderen ein Licht aufzustecken."❡

Klage nicht über die Dunkelheit, sondern zünde lieber eine Kerze an.

Kapitel 6 spielt zur Abwechslung auf einem
höchst romantisch gelegenen Schlösschen
im Fränkischen und beweist,
dass Leute mit Phantasie Geld zum Glück
in etwa so nötig brauchen wie der
viel zitierte Fisch ein Fahrrad …

Leberecht Lampes Weihnachtspredigten werden in
Christianssiel auf immer unvergessen bleiben. Er, der sich
selbst als „kleines Licht" bezeichnete, verstand es, diese
Lichtsymbolik so raffiniert umzusetzen, dass selbst Leute,
die sonst nur einmal im Jahr zur Kirche gingen, dort plötzlich öfter gesichtet wurden.❡

Lampe arbeitete in der Weihnachtsnacht mit sämtlichen
pyrotechnischen und elektronischen Raffinessen: Er ließ
uns in einer von nur einer einzigen Kerze erleuchteten Kirche Platz nehmen, die er löschte, wenn alle da waren. Und
dann „steckte" er uns wirklich einem nach dem anderen
Lichter auf, die jedem, der das Schauspiel einmal mitge-
macht hatte, auf immer unvergesslich blieben. Er erzählte
von Luzifer, dem „Lichtträger", der nur deswegen böse ist,
damit das Gute zur Geltung kommt … Luzifer hat auf der
Welt nur deshalb das Licht ausgeknipst, damit das Licht
der Menschen, die guten Willens sind, darin umso mehr
auffällt. An dieser Stelle schaltete Pastor Lampe mit einem
Schalter, den er an der Kanzel angebracht hatte, sämtliche
Lichter aus und dann betrat Sancta Luzia den Chor.❡

Als Antonia Daubler, die das Hübscheste war, was
Christianssiel seit Jahren gesehen hatte, am Heiligen
Abend 1985 mit ihrer Lichterkrone hereinkam, ging ein
Seufzen durch die Reihen, vor allem durch die im Wesent-
lich männlich besetzten.❡

Antonia, alias Luzia, war so schön, dass schon Autounfälle vorgekommen sein sollen, wenn sie in Wien oder in Wilhelmshaven die Straße überquerte. Sie war irgendwie mit uns verwandt, auf eine kaum nachvollziehbare Weise, die in die Richtung einer angeheirateten Urgroßnichte zweiten Grades meiner Großmutter ging. Jedenfalls sah man ihr das *Ur* nicht an. Damals war sie auf Besuch bei uns und beschäftigte sogleich die Phantasie sämtlicher Dorfbewohner zwischen acht und achtundachtzig. Sie war nicht nur unbeschreiblich schön, unsere Antonia, sondern auch klug und belesen und ganz offensichtlich war sie sich ihrer außergewöhnlichen Schönheit gar nicht bewusst. Sie sieht noch immer ein wenig aus wie Julia Roberts, nur unglaublich blond und blauäugig. Sie hat Julias breites Lächeln, und wenn sie es anknipst, hat man ebenso das Gefühl, dass Antonia über mindestens fünfzehn bis zwanzig Zähne mehr verfügt als jeder Normalsterbliche. Ihre Beine sind so endlos wie eine von Pfarrer Hansens Predigten und ihre Mähne ist so beeindruckend, dass Pastor Lampe sie einst als Metapher für Salomons Goldschatz heranzog – so etwa müsse er geglänzt haben. Als Antonia an jenem Heiligen Abend mit ihrem hüftlangem Haar und der Lichterkrone die Pfarrkirche zu Christianssiel betrat, schob in der Hinterbank gerade ein Verfassungsschützer Dienst, der als Junggeselle für diesen Job auserkoren worden war, denn an Weihnachten befürchtete man – sehr zu Recht – eine von Ole Hansens brandstiftenden Reden. Nun können aber auch Kerzen brandstiften und das war an diesem Abend der Fall:

Hans von Fleckenstein, so hieß der junge Verfassungstreue, fielen fast die Augen aus dem Kopf, als er die Lichtgestalt da vorn am Altar wahrnahm. Die schöne Antonia

Daubler spürte diesen Blick sofort, und als es ans Kerzen-
verteilen ging, begann sie entgegen dem Protokoll nicht
vorne, sondern hinten bei Fleckenstein – sehr zur Enttäu-
schung der anwesenden männlichen Jugend. Hans Fleckenstein bekam die erste Kerze, was einen unauslöschlichen
Eindruck bei ihm hinterließ. Er brannte lichterloh. Und vergaß, wen wundert's, Lampes politisch unkorrekte Predigt. ¶

In Hein Carstens Kneipe wurde bald gutmütig über
Antonias „Verfassungsschatz" geschnackt
und drei Monate später, an Ostern 1986,
haben die beiden geheiratet. Fleckenstein
quittierte daraufhin seinen nicht gerade
geliebten Job und machte sich daran, mit
seiner Antonia zusammen den verfallen-
den Familienbesitz im Fränkischen zu
retten. Sie hatten zwar keine Ahnung, woher sie die
finanziellen Mittel dazu nehmen sollten, aber in einer Art
von naivem Vertrauen darauf, dass ihnen schon etwas
einfallen würde, bezogen sie die Ruine. ¶

Mutter Natur belohnt uns mit ihren Glücksbonbons nur dann, wenn wir uns gemeinsam mit dem anderen in Abenteuer stürzen.

Hans und Antonia haben gemeinsam eine Menge Kühe
vom Eis geschoben in den letzten Jahren, aber sie finden,
dass es gerade diese Kühe sind, die einer Beziehung gut
tun. ¶

„Denn zwei Menschen", erklären sie, wenn man sie daraufhin befragt, „zwei Menschen, die am selben Strang ziehen, sind die kleinen Widrigkeiten des Alltags herzlich
piepe – weil man nämlich etwas ganz anderes zu tun hat:
das Dach abdichten zum Beispiel. Da diskutiert dann niemand mehr mit dem Partner, wer mit dem Müllraustragen
dran ist …" ¶

Offensichtlich gilt auch für eine geglückte Paarbeziehung
das, was Mutter Natur sich für den Einzelnen ausgedacht

hat: Sie belohnt uns mit ihren Glücksbonbons dann, wenn wir uns gemeinsam mit dem anderen in Abenteuer stürzen, statt in der Sicherheit unserer Steinzeithöhle vorm Fernseher zu hocken und unser Leben lang zu relaxen. ❡

Und deswegen macht es auch Spaß, die genannten Kühe vom Eis zu schieben. Warum hielten früher, in wirtschaftlich eindeutig schlechteren Zeiten, die Beziehungen durchschnittlich länger als heute? Ganz einfach, weil man damals noch an etwas *bauen* konnte. *Und bauen macht Spaß. Vor allem, wenn man kein Geld hat.* ❡

Die Fleckensteins hatten auch keines, als sie vor fünfzehn Jahren anfingen. Sie hatten nicht einmal Kredit, denn für die Bruchbude hätte ihnen niemand auch nur einen Pfifferling gegeben – außer Jan-Willem van Köping natürlich, der es sich nicht nehmen ließ, dem jungen Paar mit ein paar Gulden auszuhelfen. ❡

Als im Frühjahr 1986 der ADAC eine neue Ausflugskarte für das Gebiet herausbrachte, war ihre Burg inzwischen als Ruine eingezeichnet, das Fähnchen kippte nach links weg – und das brachte den alten Recken Fleckenstein in Harnisch. ❡

Hans und Antonia zogen aus der Sicherheit ihrer Bonner Existenz in die tiefste fränkische Provinz, wo es noch heute Bären geben soll und Wölfe, jedenfalls aber zahllose Wildschweine und entsprechend wenig Touristen. Ist ja auch sonst nichts los da. Gefasst nahmen die beiden die gutmütigen Frotzeleien der Verfassungsschützer entgegen, die alle ein wenig verliebt waren in die schöne, sanfte, warmherzige Antonia-Julia-Roberts. Zum Abschied schenkten sie dem glücklichen Paar eine Schubkarre, eine Betonmischmaschine und – eine ganze Palette voller Plastikeimer, die ein heller Kopf bei einem Sauregurkenhersteller

erstanden hatte. Alles für einen Appel und ein Ei wahrscheinlich, denn sie sind schon findig, diese Burschen
vom Verfassungsschutz. Auf den Eimern stand denn auch:
Sauer macht lustig (sehr komisch!), aber das Geschenk
erwies sich dann doch als überaus nützlich: Alle Eimer
fanden tatsächlich Verwendung auf den Fleckensteinschen
Dachböden, auch der wasserdichte Doppelschlafsack, den
die Bonner Kollegen dem Paar als Dreingabe verehrten,
kam zum Einsatz.❡

Wenig später war Antonia schwanger, was höchst überraschend kam, da es eigentlich als gesichert galt, dass sie
keine Kinder bekommen würde. So kann man sich eben
täuschen. Was tun? Die beiden lebten in den einzigen zwei
bewohnbaren Kemenaten ihrer Burg und sie besaßen
nichts außer einem fabelhaften Ausblick auf jede Menge
Wald sowie auf eine, gelinde gesagt, nicht gerade rosige
Zukunft. Auf der Burg gab es eine äußerst historische
Küche, die immerhin über einen Spülstein aus dem sieb-
zehnten Jahrhundert und eine – allerdings nicht funktions-
tüchtige – Pumpe aus dem neunzehnten verfügte, aber das,
fand Antonia, sei ja schon mal besser als nichts. Außerdem
war die Küche so groß, dass man bequem eine ganze Fuß-
ballmannschaft samt ihrer Fans darin hätte verköstigen
können, was sich später durchaus als Vorteil herausstellen
sollte. In dem riesigen Kamin hingen noch ein paar halb
versteinerte Würste und ein Schinken, die wahrscheinlich
einer derer von Fleckenstein dort vergessen haben musste,
als er die Burg fluchtartig bei Herannahen der Schweden
1643 verließ.❡

Hans und Antonia werteten dies als gutes Omen: Im
Grunde ist es wurscht, was wir haben, es zählt, was wir
sind.❡

Und wir *sind* verliebt, da beißt die Maus keinen Faden ab, und ein bisschen schwanger *sind* wir auch, fügte Antonia noch hinzu. (Mäuse gab es übrigens auf Fleckenstein keine mehr, sie wären elendig verhungert. Dafür gab es Fledermäuse ohne Ende – zum Vergnügen der Besucher, zum Entsetzen Antonias allerdings, die sich an die lautlosen Flattermänner nie so recht gewöhnen konnte. „Aber man kann eben nicht alles haben", findet sie. „Schenkt dir der liebe Gott eine Burg, so schenkt er dir auch die Spinnweben dazu und die Fledermäuse. Nichts ist vollkommen. Wie schön wäre eine laue Sommernacht, gäb's keine Mücken …")

An jenem 1. April 1987 frühstückten Hans & Antonia Schinken und Rühreier in ihrer Schlossküche, hielten sich bei den Händen und dachten nach. Auf dem kleinen, seit zehn Jahren leer stehenden Gutshof unterhalb der Burg gab es immerhin eine relativ trockene, riesige Scheune und ein paar weitere efeuumrankte Nebengebäude in halbwegs annehmbarem Zustand – oder sagen wir: Efeu, wildem Wein und Holunder gelang es im Verein, den baulichen Zustand der Gebäude so zu kaschieren, dass man von dem dahinter bröckelnden Putz nichts ahnte. Dafür sah das Ganze höchst romantisch aus, zumindest wenn man gerade ein Schinkenrührei im Bauch hatte und mit sich und der Welt im Reinen war. Allerdings waren selbst Hans und Antonia realistisch genug zu erkennen, dass man für Romantik nicht allzu viel kaufen kann – oder vielleicht doch? Die beiden hatten zwar kein Geld, dafür aber eine Idee. *Und Ideen tut, einem uralten Gesetz zufolge, Geldmangel sogar gut.*

Antonia war vierundzwanzig damals, als sie die Luzia gab, und sie hatte Germanistik studiert, was sich auf einer einsamen Burgruine in der Fränkischen Schweiz als ebenso nützlich erweist wie ein Gartenbaudiplom am Nordpol. Aber sie konnte kochen, und zwar ebenso gut wie alle, die das Glück hatten, eine Weile auf dem Willemshof zu leben und in Sophie-Louises Zauberschule zu gehen. ❧

Ideen tut, einem uralten Gesetz zufolge, Geldmangel sogar gut.

Nun hatte Hans Fleckenstein es mit dem Fotografieren, es faszinierte ihn, seit er als Verfassungsschützer Teleaufnahmen machen musste – was ihm im Grunde ganz zuwider war. Aber er verstand sich – wie alle Menschen, die eine glückliche Hand haben – auf die Kunst, auch den Widrigkeiten dieser Existenz noch etwas Gutes abzugewinnen. Selbst Pech findet er praktisch, weil es so belebend wirkt wie ein Prosecco, ein Gedankengang, den man allerdings nur sehr schlecht nachvollziehen kann, wenn man gerade mitten drin sitzt im Schlamassel. Aber Hans, den alle als Hans im Glück bezeichnen, ist der Ansicht, dass es nur zwei Möglichkeiten gibt: Entweder es geht gut und dann ist alles in Butter oder die Chose scheitert und *dann lässt sie sich immer noch aufs Konto Erfahrung buchen.* ❧

So investierten Hans & Antonia am 2. April 1987 einundzwanzig Mark fünfzig für einen Versuchsballon in Form einer Anzeige in einem Fotofachmagazin. Sie luden darin junge Hobby- und Profifotografen zu einem „Workshop" in ihr Provinznest ein, stellten ihnen die riesige Scheune zur Übernachtung zur Verfügung und ließen sie zwei Wochen lang zu dem höchst nahe liegenden Thema: „Schönheit des Verfalls" fotografieren. Dazu gab Hans ein Open-Air-Tele-Seminar und Vorträge, in denen er den Verfall aus seiner Sicht kommentierte. ❧

Indessen kochte Antonia unter der riesigen Esse der Burgküche, was das Zeug hielt, buk in ihrem holzbefeuerten Backofen Sauerteigbrot, das seinesgleichen suchte, und die Gäste waren begeistert – von der Burg und den Fleckensteins, vor allem aber von den improvisierten Gelagen, von der Stille und der Schönheit der Landschaft und von der Sonne, die ein Einsehen hatte und das Projekt förderte, indem sie pausenlos schien. Die Berliner fühlten sich zunächst ein bisschen überfordert von so „viel Jejend", aber ihre diesbezüglichen Kommentare legten sich erfahrungsgemäß nach ein paar Tagen. In so viel frischer Luft sei ihnen ganz *blümerant* und das fränkische Bier sei auch ein echter Kulturschock. Doch auf Fleckenstein bekamen sie wahrscheinlich zum ersten Mal, seit sie bei Muttern ausgezogen waren, etwas Gescheites zwischen die Zähne, und Licht und Luft taten für ihr Befinden ein Übriges.

Vierzehn Tage im Mai 1987 – damit fing alles an: Die Fotografen waren begeistert. Sie schliefen im Heu, wuschen sich an der Pumpe im Pferdestall und freuten sich auf Antonias opulentes Frühstück, zu dem außer Alka Seltzer natürlich auch gewaltige Mengen an Rührei mit Schinken gehörten. Denn Eier, davon war Antonia schon damals überzeugt, wirkten auf Körper und Geist wie ein Lebenselixier, und sie kurierte Frühjahrsmüdigkeit, Weltschmerz und Antriebsschwäche mit ihren

Eier wirken auf Körper und Geist wie ein Lebenselixier.

berühmten Landeiern, die sie im Dutzend billiger von den Bauernhöfen der Umgebung bezog. Ein Ei pro Tag sei das *Minimum* für ein gut funktionierendes Hirn, predigte sie, eine Aussage, für die sie cholesterinspiegelfixierte Mediziner vermutlich gesteinigt hätten – damals, aber inzwischen hat die Forschung Antonias intuitives Wissen bestätigt. So langsam kommt heraus, dass die Sache mit dem Cholesterin ein medizinischer Holzweg war.

190

Der Erfolg des ersten Fleckensteiner Foto-Workshops war überwältigend. Drei Wochen später wurden in der Scheune die ersten, allerdings von den Medien noch wenig beachteten Fotos ausgestellt. Aber die Fotografen kamen – machten zwei Wochen fabelhaft schöner und höchst abenteuerlicher Ferien im Heu und zogen beglückt (und randvoll mit dem angeblich so bösen Cholesterin angefüllt) wieder in ihre unwirtlichen Städte, wo sie von Antonias Sauerteigbrot nur träumen konnten. Sauer macht nämlich tatsächlich lustig, aber da wir immer bloß Pappbrötchen zu essen bekommen, haben wir kaum noch Gelegenheit festzustellen, wie ein echtes Brot schmeckt – eines, das nicht im Wesentlichen aus E-Nummern, Farbstoffen, Weichmachern und chemischen Gärungsstoppern besteht.

Fleckenstein gilt heute in Fachkreisen als das Beste seit Erfindung der Irisblende. Die Burg ist so gut wie neu und die *Sauer-macht-lustig*-Eimer braucht auch niemand mehr. Das heißt sie finden auf ihre alten Tage immer noch eine sinnvolle Beschäftigung bei Anfällen von Übelkeit, die wahrscheinlich mit dem exzessiven Genuss diverser alkoholischer Erfrischungsgetränke in Zusammenhang stehen. Und erfrischen tun sich die Fotografen nicht zu knapp, vor allem auf den billigen Plätzen im Heu. „Ein Gläschen in *Ähren*, kann keiner verwehren", heißt es auf Fleckenstein und der Kommunikation kommen diese Gläschen auch sehr zugute. Hans braut selbst Bier, das er nur in homöopathischen Dosen abgibt – als Medizin sozusagen – und das als Wundermittel gegen sämtliche Formen von Stressschäden gilt. Und davon gibt es bekanntlich mehr, als gut für uns ist. Bei den Insidern ist Hans' Geheimwaffe als „Fleckenwasser" bekannt, denn es dient dazu, die blauen Flecken auf der Seele zu kurieren, die ein jeder hat, der länger als zwei Jahre einen Stressjob tun muss.

Auf Fleckenstein finden übrigens immerzu Seminare statt und Symposien, Ausstellungen und Retrospektiven – und es gibt für die echten Abenteurer immer noch die Möglichkeit, im Heu zu übernachten, denn die große Scheune hat man im Wesentlichen so gelassen, wie sie einmal war. Wen wundert's, dass die Plätze im Heu immer am schnellsten ausgebucht sind, nicht weil sie billiger sind, nein: Sie sind wohl deswegen so beliebt, weil man da oben die erstaunlichsten Leute kennen lernt.

Schüler und Studenten zahlen auf Fleckenstein übrigens nichts oder nur einen symbolischen Beitrag auf freiwilliger Basis. Das ermöglicht jungen Talenten aus aller Welt – aus China, Indien oder Namibia zum Beispiel –, nach Deutschland zu kommen und den Globus aus einem neuen Blickwinkel zu betrachten. *Denn Kreative brauchen andere Kreative, um neue Dinge zu sehen.*

Auf den Fleckensteiner Heuböden hat auch schon so mancher, der sonst nicht so recht raus kam aus seiner Haut, den Schlüssel gefunden zum Glück oder zu dem jedenfalls, was wirklich zählt, Freundschaft nämlich oder auch Liebe.

Ab und zu werden auch Verlobungen und Hochzeiten auf Fleckenstein gefeiert, für die Antonia sämtliche kulinarischen Register zieht. Unlängst hat sie ein Buch herausgebracht mit ihren kreativitätsfördernden Erfolgsrezepten, in dem sie zeigt, wie man ohne allzu viel Zeit, Geld und Mühe für viele Leute so kochen kann, dass alle Erdenschwere von ihnen abfällt. Hier wird an Eiern nicht gespart, auch an Sahne nicht und Schokolade, denn sie ist überzeugt, dass diese Dinge Nervennahrung pur sind.

Denn Kreative brauchen andere Kreative, um neue Dinge zu sehen.

193

Sie zaubert mit leichter Hand (und einer genialen, von Hans konstruierten Küchenmaschine, für die er inzwischen ein Patent besitzt) in zwei Stunden ein Buffet auf den Tisch, das nicht von dieser Welt ist. Und jedes dieser Gerichte bringt, wie sie weiß, die kleinen grauen Zellen so richtig auf Trab. Ein sehr prominenter „Caterer" soll bei dem Anblick ihrer berühmten kalten Platten einmal gesagt haben: „Wenn sich das hier herumspricht, kann ich mich bald nach einem anderen Broterwerb umsehen." Warum sich diese Leute übrigens *Caterer* nennen, ist mir unerfindlich, vielleicht weil sie für Katerstimmung sorgen, speziell dann, wenn sie die Rechnung schicken. Ich kenne einen von diesen, der dankenswerterweise stets eine Schmerztablette mit in den Umschlag legt. Die hat man dann auch nötig, denn so mancher bekommt, wenn er die Endsumme rechts unten sieht, spontan einen Migräneanfall oder Nasenbluten. Was ich eigentlich sagen wollte, ist: Ein paar Grillwürstchen mit Kartoffelsalat tun für die gute Laune vielleicht mehr als ein *Compote von Miesmuscheln an Himbeerparfait auf einem Bett von handverlesenen Ruccolablättchen*, die meine Großmutter als *gemeine Raute* in ihrem Garten stehen hatte – und die sie ab und zu dem Kompost beigab, weil er dann besser verrottet ...❡

Freunde, für deren Verköstigung man einen Caterer braucht, sind vielleicht nicht die richtigen. „Die wirklich guten erkennt man an ihrer Vorliebe für Bratkartoffeln", pflegte Sophie-Louise denn auch zu sagen und auch hier, denke ich, hatte sie Recht.❡

5

Finale:
„Liebes Lottchen!"

Warum wir die
Grammatik
der Liebe
und die
unregelmäßigen Verben
der Freundschaft
neu
lernen müssen.

Es reden so viele
von der Liebe
und doch
verstehen so wenige
die Kunst zu lieben.

JEAN-JACQUES ROUSSEAU

♥

Manchmal denke ich, dass Jan-Willem seine eigene
Buchhandlung nur deswegen eröffnet hat,
weil er es dick hatte, seinem Kakaoimperium vorzustehen,
und weil er sich statt mit Erbsen- und Bohnenzählern
lieber mit Menschen traf, die *etwas zu sagen* haben.

♥

Diese wundervolle Buchhandlung hätten Sie sehen sollen!
Wer länger als zwei Stunden da war,
bekam in dem kleinen Café, das dazu gehörte,
einen *Uitsmijter* serviert (das ist fast so etwas wie ein
holländisches Nationalgericht, das unserem *Strammen Max*
nicht unähnlich ist) oder auch eine Portion von diesen
hübschen, dicken Pfannkuchen, den *Poffertjes* …
Dazu gab's Unmengen von Kakao und Kaffee natürlich
(„Koffie is klar!") – ich habe noch heute diesen wunderbaren
Duft in der Nase und versichere Ihnen,
die van Köping'sche Buch- und Kunsthandlung
war so etwas wie ein Stück Himmel auf Erden.
Das sind Buchhandlungen auch heute noch meistens …
Sieh, das Gute liegt so nah.

♥

Das erste (und letzte) Kapitel enthält so einige Plaudereien aus dem Nähkästchen meiner Großmutter.

Über Hans & Antonia – und die vier schönen Kinder, die sie haben – gäbe es noch eine Menge zu erzählen, aber das führt vielleicht zu weit. Die Geschichte ist ohnehin schon länger geworden als unbedingt nötig, aber manche Dinge lassen sich eben nicht so genau planen. Das ist auch ganz gut so, denn in einer immer noch männlich dominierten Welt kommt sie stets zu kurz, die weibliche Art des Erzählens, die aus dem Nähkästchen plaudert und dabei vom Hundertsten ins Tausendste kommt.

Wir denken eben anders als Männer und deswegen sollten wir auch gar nicht versuchen, sie darin nachzuahmen. Denn männliche Denke ist zumeist ebenso hart und unflexibel wie eine Dachlatte. Männer schreiben (von einigen löblichen Ausnahmen abgesehen) eher systematisch, vernunftorientiert und – *langweilig*, wir dagegen (wenn man uns so ließe, wie wir nun mal sind) eher unsystematisch, emotional und – *spannend.*

Unser intuitives Wissen um die Dinge, das ist eigentlich das, was den Männern wirklich imponiert und was möglicherweise jene allzu testosteronhaltigen Zeitgenossen davon abhalten könnte, diese Erde in den Abgrund zu wirtschaften.

Warum folgen wir nicht endlich wieder unserem Herzen? Wie konnten wir die Sprache unserer Gefühle nur so gründlich verlernen, dass wir sie uns jetzt mühsam wieder aneignen müssen – die Grammatik der Liebe und die unregelmäßigen Verben der Freundschaft?

Unser intuitives Wissen um die Dinge, das ist eigentlich das, was den Männern wirklich imponiert und was möglicherweise jene eingangs erwähnten, allzu testosteronhaltigen Zeitgenossen davon abhalten könnte, diese Erde in den Abgrund zu wirtschaften.

„Wären wir wirklich emanzipiert, was wir aber nicht sind, würden wir nicht versuchen, die Männer nachzuahmen und ihre Arbeits-, Führungs- und Denkstile zu kopieren", fand Sophie-Louise stets und sie hielt mit dieser Erkenntnis auch nicht hinterm Berg.

Als ich ihr berühmtes Nähkästchen erbte, aus dem sie zu plaudern beliebte und das einige sehr geheimnisvolle Dinge beinhaltete, fand ich in einem ihrer Notizbücher die Frage:

„Müssen wir eigentlich Rennfahrerinnen werden oder Testpilotinnen oder weiß der Teufel was sonst noch, um dem anderen Geschlecht zu beweisen: Das können wir schon lange! Müssen wir uns wirklich zum Dienst an der Waffe verpflichten, um das Gefühl zu haben, wirklich gleichberechtigt zu sein? Können wir nicht, wenn die Kerle sich schon gegenseitig abschießen müssen, in der Zeit etwas wirklich *Gutes* tun?"

Sie erinnern sich sicher, dass ich Ihnen erzählte, meine Großmutter sei eine der emanzipiertesten Frauen gewesen, die ich jemals kennen lernen durfte. Diesen Umstand bitte ich zu bedenken, wenn Ich hier Merksätze wie folgende zitiere:

„Könnten wir nicht, statt durchs Unterholz zu kriechen, besser Plätzchen backen oder Marmelade einmachen oder Petunien pflanzen? Könnten wir nicht ganz einfach Socken stricken oder ein neues Mittel gegen Schnupfen entwickeln? Könnten wir nicht Briefe schreiben und Geschichten und zusehen, dass diese Welt bewohnbar bleibt? Immerhin sind wir, was zwischenmenschliche Beziehungen betrifft, dem angeblich starken Geschlecht gegenüber deutlich im Vorteil. Wir sind ganz einfach kommunikationsfreudiger, was uns bei den Schweigern den Vorwurf von Geschwätzigkeit eingebracht hat. Wir sind nicht geschwätzig, wir pflegen nur Beziehungen und das ist auch ganz gut so. Wenn wir es nicht immer und zu allen Zeiten verstanden hätten, diplomatisch zu vermitteln, hätten sich die Herren der Schöpfung schon gegenseitig zerfleischt. Warum geben wir nur allzu oft all das, was wir wirklich gut können, zugunsten einer sehr zweifelhaften Vorstellung von Emanzipation auf? Mutter Natur hat sich garantiert etwas dabei gedacht, als sie uns so und nicht anders strickte und die Männer, sagen wir, eher schlicht um schlicht anlegte ... Wie wenig selbstbewusst wir tatsächlich sind, lässt sich schon allein daran erkennen, dass wir uns fast immer an das halten, was Männer von uns erwarten – sie setzen die Regeln fest und lassen uns bei ihren Spielchen, bei denen sie eigentlich besser unter sich sind, ein wenig mitmischen. Was Literatur ist und was nicht zum Beispiel, bestimmen immer noch sie, auch wie ein Text auszusehen hat, lehren sie uns, denn im Belehren sind sie immer schon groß gewesen. Dabei haben männliche Texte oft den Unterhaltungswert eines Telefonbuchs oder eines Brüssler Communiqués, des Wettbewerbsausschusses zum Beispiel, wobei hier so ganz nebenbei erwähnt sei, dass man die Bezeichnung „Ausschuss" in Bezug auf unsere allseits geliebten Europaabgeordneten leider sehr wörtlich nehmen darf ...".

Solche und ähnliche Texte sind in den wunderbaren Moleskines meiner Großmutter zu finden – neben Hunderten von höchst feministischen Fundsachen, die sie in ihrem Nähkästchen vor männlichem Zugriff schützte. Da gab es ganz wunderbare Zitate wie die subtile Beobachtung

Oscar Wilde's, dass „Männer Bestien sind" und dass es deswegen wichtig sei „die Kerle gut zu füttern"...❡

Es wird niemanden wundern, dass sich zwischen all den Knöpfen und Garnrollen jede Menge Rezepte fanden, die Sophie-Louise im Laufe ihres langen Lebens in ihrer lieben Handschrift notiert hatte. Wie erstaunt war ich aber, als ich neben Hunderten von Briefen die wunderbare Fliege entdeckte, die Sophie-Louise, als sie damals in Paris war, von jenem jungen und offensichtlich sehr verliebten Holländer verehrt bekommen hatte – sie war aus nachtblauer Seide in einer sehr ungewöhnlichen, fast schon ins Violett spielenden Farbe.❡

Erst damals habe ich es dann gemerkt: Jan-Willem, den sich niemand ohne seine wunderbare Fliege vorstellen konnte, trug immer dann, wenn er auf den Willemshof zu Besuch kam, eine Fliege von genau dieser leicht changierenden Farbe. Und schließlich fiel's mir wie Schuppen von den Augen – all die Anspielungen auf Jan-Willems Unsterbliche, auf immer unerreichbare Geliebte, die dann doch einen anderen geheiratet habe, auf die Nussaugen und die „Jungfer im Schlafrock"... Als ich meinen Onkel kürzlich einmal sehr vorsichtig darauf ansprach, lächelte er nur und meinte, es wundere ihn, dass wir nicht viel früher darauf gekommen seien: Sophie-Louise sei immer die Frau seiner Träume gewesen, aber er habe eben nie auch nur den Schatten einer Chance gehabt, sie für sich zu gewinnen. Damals in Paris sei er noch zu jung gewesen und kurze Zeit später habe sie ihren Krischan geheiratet. „C'est la vie!" Neben all diesen höchst überraschenden Fundsachen entdeckte ich überdies einen Briefentwurf, den Sophie einer meiner Cousinen geschrieben hatte. Charlotte, genannt Lotta, Mecksiever wusste damals nicht so recht, was sie studieren sollte – ihre Eltern drängten sie zu einem „Beruf mit Zukunft", zu irgendetwas jedenfalls, das in die Jura-Betriebswirtschaft-Informatik-Richtung ging. Aber Lotta neigte – zum Kummer ihrer Erzeuger – eher den brotlosen Künsten zu und Sophie-Louise, die es nicht wagte, sich allzu sehr einzumischen, erzählte ihr in ihrem Brief ganz einfach die wunderbare Geschichte von „Hans und Antonia im Glück", und einen Auszug aus Sophies dreißig Seiten langem Brief können Sie hier nachlesen. Er gehört, wie Lotta sagt, zu ihren kostbarsten Besitztümern. Sie ist übrigens schließlich Schriftstellerin geworden, schreibt ein Buch nach dem anderen, lebt glücklich mit ihrem Mann und ihrer Familie in Schweden und produziert Smörrebröd, Smörrebröd … Ihre Entscheidung, weder Jura noch Betriebswirtschaft noch Informatik zu studieren, hat sie noch keine Minute lang bereut.❡

Liebes Lottchen, (so hieß es in Großmutters wunderbaren Briefen an Lotta stets) Liebes Lottchen,

folge immer und in allen Dingen Deinem Herzen und nicht unbedingt dem, was die Vernunft Dir anrät. Und sieh Dir einmal genau an, was die Hans-und-Antonia-Geschichte den, der es gelernt hat, genau hinzusehen, lehren kann:

❤ *Sie bestätigt nämlich die uralte Erfahrungstatsache, dass Not nicht nur erfinderisch macht. Eine Sache nicht zu haben (wie Geld zum Beispiel oder andere Nebensächlichkeiten) beflügelt kreative Köpfe ungemein. Sie fördert das Beste in uns zutage und lässt uns möglicherweise Eigenschaften entdecken, von deren Existenz wir nicht einmal etwas ahnten. Wenn man* kein Geld für einen Maler hat, tapeziert man vielleicht selber, und wozu ein Bleilot dient, merkt man möglicherweise erst hinterher, wenn die Bahnen etwas schief an der Wand sitzen.

Aber schief ist – bekanntlich – schön und Perfektion langweilig. Wer sagt eigentlich, dass die Dinge immer tadellos hinhaun müssen und dass man nicht auch auf einem Heuboden eine höchst vergnügliche Nacht zubringen kann? Vergnüglicher jedenfalls als auf den Schlaraffia-Teilen eines Hotelzimmers für dreihundert Mark die Nacht. Woran erinnert man sich am ehesten, wenn man an eine Reise zurückdenkt? An das, was geklappt hat? Wohl kaum. Man erinnert sich vor allem an das, was NICHT geklappt hat, an die unvorgesehenen Schwierigkeiten, die wir antrafen, und daran, wie wir mit ihnen fertig werden mussten. Erinnerst Du Dich noch, als man uns in Verona sämtliche Barschaften gestohlen hatte und wir plötzlich mittellos dastanden? Die Leute, die uns damals halfen, hätten wir nie kennen gelernt, wenn das nicht passiert wäre. Irgendwie mussten wir da durch und nachher fühlten wir uns um einiges reicher, um das berühmte Hans-im-Glück-Gefühl vielleicht. Es sind die außerplanmäßigen Dinge, die uns in glücklicher Erinnerung haften, in denen Phantasie und Erfindungsgabe gefordert sind. Und es sind genau diese Erinnerungen an schlechte Zeiten, die uns hinterher viel kostbarer erscheinen als alles andere.

❤ Wenn das stimmt, bestünde Glück zu einem nicht ganz unwesentlichen Teil in der Kunst, ins kalte Wasser zu springen – oder täusche ich mich da?

❤ Denn die Natur belohnt – wie Du weißt – nur diese Sprünge mit ihren einzigartigen Glücksbonbons. Wer nur in der – mit Verlaub – seichten Pissbrühe unseres standardisierten, homogenisierten, ultrahocherhitzten Kleinen Glücks als idealer Verbraucher umherdümpelt, der kann auf die echten Glücks-gefühle so lange warten, bis er schwarz wird – oder bis Ostern und Weihnachten auf einen Tag fallen. Bemerkenswert daran dürfte sein, dass uns die Wertedesigner, die zur Zeit das Sagen haben, diese Information ganz gern vorenthalten – wen wundert's. Nur Leser von großformatigen, eher bildorientierten Zeitungen gehen diesen Typen noch auf den Leim. Wie sagte noch der Fein-kostfritze, der Antonias kaltes Buffet inspizierte, sinngemäß? „Wenn sich herumspricht, wie leicht das Glück zu haben ist, können wir einpacken." Sehr wahr. Und die Neuen Herren der Alten Welt fürchten nichts mehr, als dass wir herausfinden, dass das Glück tatsächlich für einen Appel und ein Ei zu haben ist, denn dann werden sie (bildlich gesprochen) ihren sch…äbigen Kaviar nicht mehr los, den sie uns eigentlich als das Gelbe vom Ei verkaufen wollen. Da speist man uns mit den Ersatz-produkten des Kleinen Glücks ab, während das Große an uns vorbeizieht. Das ist das eigentlich Tragische daran.

❤ *Eine gute Idee setzt sich letztlich immer durch, selbst wenn sie sich gewöhnlich etwas später auszahlt als alles Erbsenzählen. Erfolg hat auf die Dauer nicht nur der Tüchtige, sondern – der Ehrliche. Denn Ehrlichkeit spüren wir bei anderen ganz intuitiv, weil wir auf die Signale seiner Körpersprache achten, auch wenn uns das selbst gar nicht so bewusst ist. Einseitig gewinnorientiertes Denken schädigt, wie man inzwischen weiß, nicht nur unser Immunsystem, sondern es verleiht dem Gesicht jenen charakteristischen dünnlippig-verkniffenen Ausdruck, der für chronisch Obstipierte typisch ist – oder für Leute, die an Hämorrhoiden leiden. Körperliche Schönheit (und Gesundheit) ist nach dem vierzigsten Lebensjahr nur Menschen möglich, die im Einklang mit ihrem Gefühl und ihrem Gewissen leben – darüber könnte Dein Großvater eine Menge sagen, aber das führt hier wohl zu weit … „Geld muss man verachten, dann läuft es einem nach", findet jedenfalls Antonia, die sich in ihrem Leben noch nie allzu viel Gedanken über ihren Kontostand gemacht hat. Deswegen sieht sie mit knapp vierzig auch noch immer so aus wie damals als Sancta Luzia, denn Geldmangel hält offensichtlich jung: Er regt die Phantasie an und die gute Laune und das wiederum wirkt nachweislich allen Alterungsprozessen entgegen. Außerdem haben Kreative etwas, was sie von allen anderen Sterblichen unterscheidet: Sie haben blitzende Augen. Und daran erkennen sie sich untereinander.*

Das ist sicher auch wieder so ein Trick von Mutter Natur, die will, dass sich ihre „Alpha-Tiere" zusammentun und etwas Neues aushecken.

💛 Mit Phantasie allein lässt sich zwar kein Dach reparieren, aber mit Phantasie lassen sich Dinge bewirken, die wieder Dinge bewirken, die – es uns schließlich ermöglichen, die Ziegel zu kaufen, die man dazu braucht. Man nennt die Vorgänge, die man nicht so genau planen kann, „dynamische Prozesse". Sie sind deswegen so spannend, weil man nie genau weiß, was zum Schluss dabei herauskommt. Perfektionisten oder – wie nennt Ihr diese Leute jetzt? – Control Freaks bringen sich im Grunde um eine ganze Menge Vergnügen. Als der liebe Gott seinerzeit die Evolution auf Autopilot stellte, hat er sich diese dynamischen Prozesse wahrscheinlich nur deswegen ausgedacht, weil alles Planen im Grunde äußerst fad ist. Es ist weitaus interessanter, sich zurückzulehnen und dem Spiel zuzuschauen. Ich bin sicher, er weiß selbst nicht so genau, wie es ausgeht, weil er es nicht wissen will. Du findest, das passt nicht zu seiner Allwissenheit? Ich will Dir was sagen, liebes Lottchen – ein Spiel, bei dem Du die Karten der anderen Spieler kennst und vielleicht sogar noch weißt, wie das Ganze ausgeht, wird Dich bald ganz schrecklich langweilen. Und da der Weltenschöpfer zwar allwissend, aber auch allmächtig ist, hat er, da er ganz gern ein wenig „zockt", auf den Vorteil, den ihm sein Insiderwissen gewähren würde, ganz absichtlich verzichtet – weil es einfach mehr Spaß macht, nicht zu wissen, was am Ende dabei herauskommt. Oder gehörst Du zu den Leuten, die das Ende eines Romans zuerst lesen? Ganz bestimmt nicht, so, wie ich Dich kenne. Wer klug ist, stürzt sich voller Neugier in Lese- oder andere Abenteuer und wird dafür mit Glücks- gefühlen belohnt, die die „Auf-Nummer-Sicher-Geher" nie haben werden. Wer klug ist, schaut immer nach oben und macht's wie unser Alter Herr: Er hebt sich immer ein paar Überraschungen auf. Denn er hat, als er im Verein mit Mutter Natur das Prinzip Neugier entwickelte, dabei auch an sich selbst gedacht.

Natürlich führt uns diese Neugier zuweilen in Situationen, die wir vielleicht nicht sofort im Griff haben. Aber gerade das Schwierige daran ist ja das Schöne. Es macht Vergnügen, „Kühe vom Eis zu schieben", wie Hans und Antonia finden, vor allem dann, wenn einem jemand, der uns nahe steht, dabei hilft. Nachher stellt man erstaunt fest, dass einem der andere dann plötzlich noch näher steht. Wer keine Kühe (lies: echte Probleme) hat, kann diese Feststellung nie machen.

Daraus folgt: Lass Dich, wenn Du etwas bewirken willst, nie von dem entmutigen, was andere sagen – oder wovon Dir Banken, Behörden, Vorgesetzte oder Fachleute möglicherweise abraten. *Kreativität hat ganz entscheidend mit Mut zu tun. Mut zur Lücke vor allem.* Wer sagt, dass alles immer gleich perfekt sein muss? Kreativität ist auch so ein dynamischer Prozess, der es uns erlaubt, Dinge zu entdecken, die nicht geplant waren, die sich aber als die bessere Lösung herausstellen. Auf Fleckenstein sind die originellsten Schlafplätze immer noch die im Heu. Wenn Geld da gewesen wäre, hätte man diese Entdeckung nie gemacht.

Ergo: Unser Glück, auch unser ganz privates Lebensglück, hat entscheidend mit der Verwendung zu tun, die wir unserem Kopf, unserem Herzen und unseren Händen geben. Und vergiss nicht: Neugier – nenne sie ruhig auch Kreativität – macht das Leben bunt, wenn auch manchmal für den Durchschnittsgeschmack etwas zu bunt. Die Spießer sterben nie aus, das ist eine uralte Binsenweisheit, die auch in hundert Jahren noch genauso gelten wird – wenn es diese Welt dann noch gibt. Aber Feuerköpfe wie Du und Dein Großvater, wie Ole Hansen und Dein Onkel Jan-Willem und auch Menschen wie Leberecht Lampe werden schon zusehen, dass die Bäume der Profitmaximierer nicht in den Himmel wachsen. *Neugier, liebes Lottchen, ist so etwas wie der Generalschlüssel zum Glück.*

Die Schwarzweißaufnahmen in diesem Buch
stammen aus der Nikon FE 10 der
jungen Fotografin Maja Bittner (Jahrgang 1977).
Im Hauptberuf ist sie, wie die Autorin auch,
Buchhändlerin in Rothenburg ob der Tauber.

Bekannt wurde Eva-Maria Altemöller
vor allem durch ihr Buch über kreatives Schreiben
(Münster 1998) und ihre im Pattloch Verlag
erschienenen Bücher „Was wär ich ohne Dich?",
„Für Dich, meine Freundin",
„Die schönste Liebesgeschichte der Welt" und
„Seelenruhe. Über die Kunst und das Vergnügen
ganz einfach zu leben" (München 2001)